법정·김수환
님들의 말씀을 새기다

법정·김수환 님들의 말씀을 새기다

이상효 편저

북씽크

프롤로그

과거에서 길어 올린 살아감의 암묵적 지식

한 분야를 탐구하다 보면 과거를 거슬러 올라가는 시기가 있다.

탐구 앞에 '깊이'라는 단어가 붙었을 때다.

그렇게 옛 자취를 살피다 보면 정지화면처럼 멈추는 순간이 있다.

발길을 붙잡는 무언가를 만났을 때다.

내겐 그 지점에 법정 스님과 김수환 추기경이 자리했다.

먼저 법정 스님은 어느 철학자의 평처럼 중답게 살다 중답게 가셨던 분이다.

세속의 인연을 끊는다는 수행자 본분처럼, 부귀를 경계하고 법문을 마치면 사람에게서 멀어지려고 하셨다.

무엇보다 본인 철학을 일평생 행동화하셨다는 점에서 절

로 고개가 숙여졌다.

　김수환 추기경의 행적에서는 하나님이 보였다.

　그분은 가장 낮은 곳에 손을 내민 하나님이었다.

　내가 허름해질지언정 님의 가난을 먼저 돌보셨고, 음지의 소외자를 인자한 웃음으로 찾아가곤 하셨다.

　그를 따라 수도자 길을 걷는 제자에게 당부하신 말씀도 빈자를 생각하는 따뜻한 마음이었다.

　그런 행실에서 나오는 말씀이었기에 모든 한 마디가 설득력을 수반했던 게 아닐까?

　'무소유' '너희와 모든 이를 위하여'로 상징되는 법정 · 김수환께서는 현실을 살아가는데 필요한 금언을 아끼지 않으셨다.

　무(無)조건의 사랑을 표하는 만인을 위한 답례였을 게다.

　그 흔적을 더듬으면서 떠올랐던 단어는 '인간'이었다. 말씀의 기반에는 인간이 자리하고 있었다.

　그 지점에서 끌어올린 언문(言文)은 세대를 관통하는 힘이 있다.

　필연적으로 인생사(사람이 살아가면서 겪는 일)를 건드리기 때문이다.

이 책은 두 분의 말씀 중에서 세간에 덜 노출된 금언을 뽑아 필자의 단상을 덧댄 제언서다.

인생을 대입해서 읽다 보면 꿈을 좇는 이에게는 비상할 수 있는 날개가 되고, 혼돈을 헤매는 이에게는 심연을 벗어날 수 있는 밧줄이 되리라 확신한다.

단언컨대 현실을 절단한 뜬구름식 성공론이나 공염불성 힐링(위로)과는 거리가 멀다.

이 안에는 인간이 있다.

현실에 두 발 딛고 살아가는 지극히 평범한 인간이 있다.

차례

프롤로그 — 4

첫 번째 생각

탁마 琢磨 – 의식의 점화

1. 자기 길, 그 최소한의 정의 — 16
2. 안 된다고 하기에 너무 젊은 — 18
3. 결과의 불평등이라는 기회 — 20
4. 행운이 선호하는 타입 — 22
5. 불공평이 공평해지는 지점 — 24
6. 봄은 어떻게 찾아오는가? — 26
7. 자기 객관화 작업 — 28
8. 인생이라는 도화지, 인간이라는 화가 — 30
9. 생각이 트이는 기폭제 — 32
10. 사는 사람과 살아가는 사람의 차이 — 34
11. 인간은 타인을 깨고 태어난다 — 36
12. '나'라는 인간의 존재론 — 38
13. 다양성의 의미와 그 순서 — 40
14. 죽음이 두렵지 않은 90세 노인 — 42

15. 시장을 여는 열쇠는 무식함 — 44
16. 선택했는가 선택당했는가 — 46
17. 유행에 속지 마라 — 48
18. 쇼핑과 직업의 상관관계 — 50
19. 인간 자체에 내재한 비범성 — 52
20. 타고난 사주팔자의 실마리 — 54
21. 움직이기 전에 시장을 읽어라 — 56
22. 늦었음에 대한 현실적 반론 — 58
23. 본업+사유재산=자유 — 60
24. 공자는 가난하지 않았다 — 62
25. 보통 사람이 재해석한 용기 — 64
26. 무언가를 할 수 있으려면 — 66
27. 미래를 예측하는 똑똑한 바보들 — 68

두 번째 생각

일진월보 日進月步 - 개구리 올챙이 적 시절에

28. 인생은 노력 반 행운 반의 영원한 현재진행형 — 72
29. 영원히 주관적인 세상 — 74
30. 일류가 아니어도 괜찮은 현실적 이유 — 76
31. 실력과 노력에 대한 분명한 정의 — 78
32. 고된 길이 곧 바른길 — 80

33. 당연함과 지루함의 반복　　　　　　　－ 82
34. 오늘을 사는 연습　　　　　　　　　－ 84
35. 꾸준함의 뇌과학적 이론　　　　　　－ 86
36. 우직하게 꾸준할 수 있는가　　　　　－ 88
37. 약간 특이한 몰입형 인간의 방법론　　－ 90
38. 삼류와 일류의 털끝 차이　　　　　　－ 92
39. 양(量)×100＝질(質)　　　　　　　　－ 94
40. 그냥 하는 경지　　　　　　　　　　－ 96
41. 합법적 게으름 몰아내기　　　　　　－ 98
42. 일류들의 일류　　　　　　　　　　－ 100
43. 기복과 운명적인 동거　　　　　　　－ 102
44. 탁월함의 일반화, 그 뒤에는?　　　　－ 104
45. 업(業)을 가진 인간은 프리랜서　　　－ 106
46. 대가(大家)의 뒷면은 어린아이　　　　－ 108
47. 뛰는 놈 위에 나는 놈을 만났을 때　　－ 110
48. 성과에 연연치 않는 경지　　　　　　－ 112
49. 어려움이라는 옳은 선결 조건　　　　－ 114
50. 할 수 있는 건 연습과 기도뿐　　　　－ 116
51. 부모는 어떤 자식을 신뢰하는가　　　－ 118
52. 힘들다는 지점에 있는 것뿐　　　　　－ 120
53. 기회가 선호하는 인간 유형　　　　　－ 122

세 번째 생각

칠전팔도 七顚八倒 - 오늘은 비록 고달프지만

54. 아는 자의 이유 있는 단단함 — 126
55. 인생은 언제나 오르막길 — 128
56. My Way를 가는 심리학적 이유 — 130
57. 하나를 위해 네 개를 버리는 기회비용 — 132
58. 넘어진 적 없었던 엘리트의 몰락 — 134
59. 상처 많은 번데기는 왜 비싼가 — 136
60. 성숙성이 인생에 미치는 영향 — 138
61. 희망을 걸되 현실적으로 — 140
62. 인생은 알파벳 O를 쓰다 얼굴을 그리는 것 — 142
63. 희비(喜悲)를 흘려버리는 법 — 144
64. 안 되면 말고, 그러나 될 때까지 — 146
65. 판도가 뒤바뀌는 순간 — 148
66. 무엇에 쫓겨 살지 않기를 — 150
67. 자주적 시간을 만드는 2가지 재료 — 152
68. 열등감, 탁월하고픈 미숙아의 성찰 — 154
69. 인간의 길, 짐승의 길 — 156
70. 집요함, 미래가 보이는 자의 당연함 — 158
71. 안 풀릴 때 방울 물을 모으는 단단함 — 160
72. 0.001% 철학 — 162

73. 고독의 비희(悲喜)에 대하여 — 164
74. 꽃은 하루아침에 피는 게 아니다_재해석 — 166
75. 30초 만에 완성한 1만 달러 그림 — 168
76. 잔디와 인간의 평행이론 — 170
77. 오늘이 감사할 지점까지 버티기 — 172
78. 죽음이 바꿔놓은 삶의 초상 — 174
79. 그 어려움 극복했으면. 진심으로 — 176
80. 포기하지 않음의 일상화 — 178

네 번째 생각

정정백백 正正百百 - 인간의 격

81. 인생은 어떻게 예술이 되는가 — 182
82. 인간을 인간적으로 대하기 — 184
83. 하나보다 둘이 더 강하니까 — 186
84. 상대방 과거에 과오가 있다면 — 188
85. 타인에게 유일무이한 존재가 되는 법 — 190
86. '너와 나'가 '우리'가 되는 순간 — 192
87. 사촌이 땅을 샀을 때의 심리 — 194
88. 인맥에 내포한 원원전략 — 196
89. 상대를 아군으로 만드는 힘 — 198
90. 아랫사람을 공경하는 지혜 — 200

91. 성욕을 거스르는 절개 — 202
92. 자기관리 첫 번째, 사람 — 204
93. 자기관리 두 번째, 자신 — 206
94. 인생 병법_싸우지 않고 이기기 — 208
95. 인생 병법_져주면서 이기기 — 210
96. 성공의 8할은 포커페이스 — 212
97. 거짓말로 점철된 세상을 사는 법 — 214
98. 당연함에서 오는 신뢰 — 216
99. 약간 모자라고 약간 빈틈 있게 — 218
100. 대화가 통하는 사람 — 220
101. 부끄럽게 살지 않기를 — 222
102. 불의보다 정의에 한 표 — 224

다섯 번째 생각

줄탁동시 啐啄同時 – 헤매는 자와 이끄는 자

103. 핵심은 어떤 물에서 노느냐 — 228
104. 성장을 촉진하는 친구 유형 — 230
105. 1이 2가 되려면 — 232
106. 꽃을 피워 줄 계절을 찾아서 — 234
107. 박지성의 3가지 행운 — 236
108. 앞선 자에게 도움을 요청할 용기 — 238

109. 친구와 생활환경의 영향   — 240
110. 스승의 본질   — 242
111. 악인은 선인으로 잊혀지네   — 244
112. 얼굴, 얼(내면)의 꼴   — 246
113. 신뢰, 겉과 속의 일치성   — 248
114. 아는 자의 소통법   — 250
115. 귀한가, 나는 귀한 사람인가   — 252
116. 어려운 사람이 한 명 필요해   — 254
117. 줄탁동시(啐啄同時)_어미 닭과 병아리   — 256
118. 사람을 읽는 사람 읽기   — 258
119. 젊음, 세상 물정에 대한 통찰   — 260

에필로그   — 262

첫 번째 생각

—

탁마
琢磨

- 의식의 점화

약간만 의식을 틔워주면
변혁을 일으키는 자가 있다.

마치

어미젖만 빨던 맹수가
사냥술을 배운 것처럼

자기 길, 그 최소한의 정의

아무렇게나 살아서는 안 됩니다.
왜냐하면 한번 지나가버린 세월은
다시 되찾을 수 없기 때문에
그렇습니다.

_법정 스님

아무렇게나 살아서는 안 된다는 말씀. 혁신의 끈을 놓지 말라는 당부에서 하신 표현이었을 게다. 성인이라 함은 자신이 있어야 할 곳을 찾아가는 시기다. 그러나 방법을 모르거나, 원인 모를 두려움이 있거나, 그릇된 세계관에 사로잡히면 자신을 골방으로 밀어 넣는 우를 범한다. 내 경우는 세 가지를 모두 갖춘 상태였기에 그 세계의 어둠을 알고 있다. 백번 양보해서 '다양성'을 방패삼더라도 있을 곳이 못 된다.

사실 자기 길을 간다는 뜻에서 사용하는 '다양성'에도 암묵적 경계선이 있다. 자기를 나타내는 명함을 제시할 수 있어야 한다. 현실적으로 그 과정을 밟는 쪽이 훨씬 이롭고 웃을 수 있는 날도 많아진다. 근거를 제시하자면 내게 모여든 몇몇 친구는 전역을 기점으로 두 부류로 나뉘었다. 먼저 A 부류는 '자기만의 삶'을 운운하며 무위도식(無爲徒食)을 연장했다. 반대로 B 부류는 자급자족(自給自足)을 위한 프로세스를 차근차근 밟아나갔다. 대학을 옮기면서까지 해당 자격을 취득하는가 하면, 해왔던 일을 뭉개고 꿈을 좇는 아이도 있었다. 10년이 지난 지금, A 부류는 음지로 숨어버렸고 B 부류는 양지에서 훨씬 윤택하고 떳떳한 오늘을 살아간다.

무위도식(無爲徒食) - 아무 하는 일 없이 놀고먹기만 함
자급자족(自給自足) - 자기가 필요한 것을 스스로 생산하여 충당함

안 된다고 하기에 너무 젊은

'하늘은 스스로 돕는 자를 돕는다'고 한 금언은 태초부터 오늘까지 변함없는 진리입니다.

_김수환 추기경

'헬 조선' '금수저 흙수저' '노오력이 부족해?' '하면 된다. 그러나 안 되는 일도 있다'

자조(自助)를 부정하는 학자들은 이런 개념을 팔아서 먹고 산다. 그들의 논리와 근거의 합당성은 차치하더라도 주장의 끝에는 '그래서 어쩌라는 건가?'의 물음을 남긴다. 책 어느 곳을 읽어도 문제 제기 이상은 없다. 그것이 사회학 서적의 특성이자 한계다. 여담으로 작가 입장에서 보면 단순 시류에 편승했을 가능성도 배제하기 어렵다.

게다가 일자리는 정부·국회·교육·기업에 기인하는 경우가 대부분이다. 어긋남을 자각했다면 그에 따른 비판을 하거나 시장원리를 관철해서 지력 있는 대표자를 선출하도록 유도해야지, 노력 무용론을 설파하는 행태는 바람직하지 못하다. 비둘기에게도 자립을 유도하기 위해 먹이를 주는 행태를 저지하는 판국이다. 국가는 내 인생을 책임져주지 않으며, 노력 무용론을 설파하는 작가도 마찬가지다. 책임자는 전적으로 자신이며, 어떤 경우에라도 책임의 도구인 기술 단련을 중단해서는 안 된다. 이 길의 끝자락에 어떤 답이 있을지 스스로 확인해야 하고, 무엇보다 해도 안 된다는 결론을 내리기에 20대는 너무 젊다.

결과의 불평등이라는 기회

태어나면서부터 죽을 때까지
앞날을 예측할 수 있다면
살맛이 안날 겁니다.
모르기 때문에 살아가는 겁니다.

_법정 스님

철학자 존 롤스는 '정의는 곧 공정함(Justice as Fairness)'이라고 말했다. 덧붙여서 정의로운 사회 확립 조건으로 '무지의 베일'을 주장했다. 재산의 양, 재능의 인식, 장래에 대한 세부계획을 망각한 채 동일 선상에서 시작함이 옳다는 요지였다.

하지만 우연적 불평등 요소는 훨씬 방대하다. 세계관, 외모, 키, 성품 역시 부모를 통해 얻는 수혜다. 이 모두를 지우고 인류를 동일 선상에 세울 수 있을까? 한국 정의론이 중용(中庸)을 거쳤다면, 금수저에게 칼날을 들이대는 자는 우연적 수혜가 없었다는 결론이 나온다. 이런 전제하에 금수저를 불공정의 원흉으로 정의했던 걸까? 어쩌면 시류에 휩쓸린 미숙아 사상이 아니었을까?

참고로 세상에는 10년간 미국 유학을 다녀오고도 제 앞가림을 못 하는 A, 국가 지원 수당으로 치킨이나 뜯는 B, 사교육을 등에 업고 탄탄대로를 걷는 C, 공사판에서 일하며 공부한 끝에 신분을 탈바꿈한 D가 있다. 즉, 한국은 행위의 자유, 결과의 불평등을 보장하는 국가다. 그렇기에 나에게도 기회가 있다. 궁극적으로 법정 스님 말씀처럼 앞날을 예측할 수 없기에 목숨 걸고 살아가야 한다.

행운이 선호하는 타입

남을 인정 않는 오만, 안 믿으려는 불신, 용서할 줄 모르는 미움, 나만을 위하는 소유욕과 지배욕, 질투와 경쟁심을 버려야만 할 줄 압니다.

_김수환 추기경

앞의 논리를 설파하더라도 행위를 하는 데 화폐가 큰 축을 담당하는 건 사실이다. 오피스텔에서 공부하는 대학생과 학자금 대출을 갚으며 공부하는 대학생의 마음이 어찌 일치하겠는가? 배경이 넉넉지 못하면 무슨 일을 하든 간에 망설임이 생기기 마련이다. 다만 그 마음이 자신을 유기하는 쪽으로 이동하지 않았으면 좋겠다.

내게는 두 명의 친구가 있었다. 두 녀석 모두 가정형편이 넉넉지 않았으나 고교 시절부터 확고한 목표와 그에 상응하는 노력으로 일관했다. 하지만 전역 후에 두 녀석은 다른 길을 걸었다. A는 비제도권으로 자신을 밀어 넣었고, B는 아르바이트를 3개씩 하며 꿋꿋이 뜻을 관철하려 했다. 그렇다고 B의 인생이 어느 영화처럼 획기적으로 변모하지는 않았다. 조금의 변화라면 좋은 사람이 많이 생겼다는 점이다. 어려운 상황에서도 끈을 놓지 않는 그를 정도(正道)로 이끌어주려는 선생님, 사회적 인맥으로 도움을 주려는 귀인(貴人), 어디를 가더라도 그를 어필하고 귀한 정보가 있으면 전달해주는 내가 있다. 이제는 시야를 넓혀 독일 유학까지 준비하는 그를 보면서 인생이란 끈을 놓지 않는 사람에게 운이 따라오는 거구나 싶었다.

불공평이 공평해지는 지점

갑작스러운 부는
사람을
불행하게 합니다.

_법정 스님

근래 젊은이 사이에 최대 화두로 떠오르고 있는 '금수저'를 지근거리에서 본 적 있다. '00 대표'라는 명함을 달고 있는 그는 한눈에 봐도 유능한 스타일이 아니었다. 대화할수록 밑천은 더욱 드러났고, 어떻게 대표라는 명함을 얻었는지 지레짐작할 수 있었다. 솔직히 나도 사람인지라 배경의 불평등이 신분의 탈바꿈을 야기하는 현실에 쓴 웃음 짓기도 했다. 누군가는 몇 년, 몇 십 년씩 기술·자본을 축적하고 사업을 시작하는 반면, 금수저는 생일상처럼 떡하니 부모가 구축한 사업장에 머리를 들이미는 꼴이니 말이다.

그러나 준비 안 된 자에게 주어진 대표라는 명함이 언제까지 지속될 수 있을까? 시장은 넓은 의미로 제품을 사는 소비자이고, 개인은 고도화된 제품을 파는 생산자다. 단순히 부모가 대표직을 점지해준 생산자와 바닥부터 치고 올라온 생산자 중에 10년을 기점으로 누가 우위를 선점할까?

밑바닥을 경험해본 자는 후퇴하는 순간 다가올 운명의 형상을 알고 있다. 이렇게 배수의 진을 쳐놓은 상황에서 시장에 기술을 관철하지 못하면 죽음이기에, 그것이 고도화된 제품을 생산하는 동력으로 작용한다. 그래서 멀리 보면 인생은 공평하다.

봄은 어떻게 찾아오는가?

봄이 와서
꽃이 피는 게 아니라
꽃이 피어서
봄을 이룹니다.

_법정 스님

취업 시장을 향한 청년의 아우성은 일자리가 수요에 상응하지 못한다는 방증(傍證)이다. 먼저 사실부터 짚어보면 삼성은 상·하반기 공채를 통해 매년 대졸 신입 8000~9000명을 선발했고, SK는 17년 상반기에 신입·인턴을 포함해 8,200명 채용 계획을 발표했다. 채용계획이 없다는 기업도 있었다. '일자리를 더 늘렸으면 좋겠다'라는 바람은 현실적인 호소이다.

가장 이상적인 형태는 국가·기업·개인의 공조(共助)라고 생각한다. 그러나 기업을 옥죄는 수많은 규제와 기업 내부의 지독한 병폐가 창출과 창출 의욕을 저하시킨다는 필자의 견해다. 이점을 논외로 두면 잣대는 개인에게 넘어간다.

개인의 역할은 무엇인가? 첫째. 정권 교체마다 과부하가 걸리는 정부에 의지해서는 안 된다. 둘째. 취업유발계수가 낮은, 즉 고임금 일자리에 부합하는 능력을 갖춰야 한다. 손바닥도 부딪쳐야 소리 난다고 했다. 기업은 이윤창출이 목적이며 고도화된 인재를 원한다. 임금은 생산성에 상응하는 대가이다. 고임금 일자리라는 봄을 원한다면 가치를 높여야 하며, 씨앗에서 꽃으로 피어나는 과정은 혁신이기에 고통을 수반한다. 봄은 그렇게 찾아온다.

자기 객관화 작업

자기 자신 그대로를
받아들일 줄 아는 것,
이것이 중요합니다.

_김수환 추기경

'민물장어의 꿈'이라는 음악은 이런 가사로 매듭을 푼다.
"좁고 좁은 저 문으로 들어가는 길은

 나를 깎고 잘라서 스스로 작아지는 것뿐……."

어느 지점에 자신을 관철하려는 형태를 정확하게 표현한 노랫말이 아닐까 한다. "자라서 어른이 된 사람"이라는 성인의 필수 관문인 '혁신'이기도 하다. 살면서 자신의 민낯을 한 톨까지 발견하는 이 시기는 그야말로 지피지기(知彼知己)다. 세상을 알고 나를 아는 과정에서 필연적으로 행해지는 객관화 작업, 할 수 있는 일과 할 수 없는 일을 구분 짓는 여과과정을 거친다. 모름지기 성인은 자기 자신 그대로를 받아들일 줄 아는 현실적 존재여야 한다.

우리가 살아가는 자본주의 시스템의 부와 명예는 지위와 비례하지만, 일등·일류만 살아남는 세상은 아니다. 자기 위치에서 땀 흘려 일하는 자에게 반드시 보수가 돌아가는 아름다운 시스템이다. 실제로 어떤 이는 일류만 고집하다가 강산이 한 번 변하고서도 취업준비생으로 있는 반면, 어떤 이는 객관화 작업을 통해 자신이 들어갈 수 있는 좁은 문을 일찍 택하기도 했다. 그 찰나의 선택이 부부의 연을 맺고 득남까지 이르는 장밋빛 인생으로 이어졌다.

지피지기(知彼知己) – 적을 알고 나를 알아야 함

인생이라는 도화지, 인간이라는 화가

인생이 나에게 무엇을 해줄 것인가를
기대하지 말고 내가 나의 인생을 위해
무엇을 할 것인가를 항상 생각하는
자세로 인생을 살아가세요.

_김수환 추기경

생(生)은 인(人)의 초석이다. 생(生)은 무형(無形)이자 정지된 상태이고 이것을 인(人)이 움직인다. 생(生)을 백지(白紙)라고 가정하면 인(人)의 매 순간 행보는 '점'이다. 우리는 백지 위에 점을 찍고 그다음 점을 찍어왔다. 지난날을 돌이켜보면 '점'은 '선'으로 이어져 특정한 형태를 나타냈다. 그것이 인생의 초상(肖像)이다.

사실 매 순간 실전이었던지라 때로는 점의 위치가 어긋난 적도 있었다. 하지만 다음 점을 어디에 찍고 어떤 방향을 설정하느냐에 따라 초상이 변하기도 한다. 앞에서 말했듯이 인간의 매 순간 행보는 점이고, 초상을 나타내는 백지(白紙)는 무한정이다.

실제로 70세에 붓을 잡았던 할머니는 세간에 인정받는 화가로 변모하기도 했고, IQ가 73인 줄 알았던 말더듬이는 7 앞에 1이 붙어있음을 알고 멘사 회장으로 변모하기도 했다. 이러한 사례처럼 현재 행위에 따라 낙서 같은 지난날의 초상도 아름다움으로 덧씌울 수 있다. 핵심은 자신을 지탱해왔던 냉소적 관념을 버릴 수 있느냐, 뻔한 레퍼토리라며 자못 오만했던 마음을 백지화할 수 있느냐, 오랫동안 외면했던 순수하고도 뜨거운 가슴을 끄집어낼 수 있느냐다.

생각이 트이는 기폭제

젊은 시절은
정말
소중한 시기입니다.

_김수환 추기경

지난날을 어떻게 경영했던 간에 젊은 시절은 새하얀 도화지에 가깝다. 젊음에 내재한 순수성은 가다듬기에 따라 어떤 성향으로든 변모하기 쉬운 아이 같은 녀석이다. 다시 말해 과거를 엉망진창으로 설계했더라도 정도(正道)로 물꼬를 틔워주면 그 경험이 환골탈태(換骨奪胎)의 초석이 된다. 필자가 간증인이다.

학창시절을 적극적 무행(無行)으로 일관했던 내 이력은 초등학교 꼴찌·중학교 꼴등·고등학교 꼴통이었다. 막연함과 불투명으로 점철된 인생은 열아홉에서야 겨우 현실에 눈을 돌렸다. 어울리지 않게 머릿속을 장악했던 '앞으로 뭘 하지?'라는 생각은 나를 음악 연습실로 인도했다. 생전 처음 행했던 노력은 필연적 고독으로 이어졌고, 군대를 제외한 3년 동안은 맨몸으로 자신과 대화했던 시간이었다.

터놓고 말해 표면적 결과만 놓고 보면 아무것도 이루지 못했다. 대중 음악가는커녕 무대에 서보지도 못했고 전공으로 단돈 10원도 벌지 못했다. 하지만 그 과정에서 맞닥뜨렸던 상황, 피어오르는 상념, 정립된 철학은 나를 계몽하고 개선하는 기폭제로 작용했다. 그것이 내면에 응축되어 현재의 나를 만들었다고 해도 과언이 아니다.

환골탈태(換骨奪胎) - 형용(사람)이 좋은 방향으로 달라짐

사는 사람과 살아가는 사람의 차이

우리가 밝은 미래를 위해
건전한 삶을 살려면
우리 자신의 가치관에 대한
근본적 진단과 치료가 필요합니다.

_김수환 추기경

햄버거 업체에서 아르바이트를 하는 20대 여성이 있다. 화폐를 축적하는 목적은 품위유지이고, 음주·가무를 즐기며 남성과 하룻밤 풋사랑에도 개방적이다. 반면에 장래 설계에는 유보적인 편이며 그냥 취미로 댄스를 배우고 있다.

아마 여기까지 읽었다면 어리석음으로 점철된 과거를 보냈노라 짐작할지도 모른다. 사실 그녀는 고교 시절 전교 5등을 석권할 정도로 뛰어난 수재였다. 여봐란듯이 서울권 대학에 입성했고 학원 강사로 제법 화폐를 쓸어 담기도 했다. 문제는 방향 상실이었다. 상명·하달 주입식 인생을 살아왔던 그녀는 난생처음 맞닥뜨린 주관식에 무너지고 말았다.

그녀는 내게 그냥 사는 사람과 살아가는 사람의 차이를 깨우쳐주었다. 전자는 수동적이며 후자는 능동적 성격을 띤다. 학창시절 줄곧 앞섰던 자가 사회에서 뒤서고, 학창시절 줄곧 뒤섰던 자가 사회에서 앞서는 이유가 여기에 있다. 전개 과정에서 짐작할 수 있듯 방향이 있은 후에야 산만했던 마음도 한 지점을 응시한다. 인간은 외부를 쳐다볼 때 백일몽을 꾸지만 내면을 응시할 때 깨어난다고 했다. 그 이전 단계로 추기경의 말씀처럼 자기 가치관에 대한 근본적인 진단과 치료가 필요하다.

인간은 타인을 깨고 태어난다

단 한 시간만이라도
아니 단 삼십 분만이라도
자기 자신의 존재에 대해서
쓰지 않는 사람은
진짜 사람이라고 할 수가 없어요.

_법정 스님

하버드 심리학과 교수 로버트 로젠탈이 주창한 로젠탈 효과가 떠오른다. 쉽게 말해 A에게 '나쁜 놈'이라는 수식어를 반복 주입하면 나쁜 놈이 되고, B에게 '노력파'라는 수식어를 반복 주입하면 노력파가 된다는 이론이다. 유리구슬처럼 세계관이 투명했던 유아(幼兒)가 존재를 규정했던 과정도 로젠탈 효과와 일맥상통(一脈相通)하다. 문제는 그것이 반쪽짜리라는 데 있다.

예컨대 소설 데미안의 주인공 싱클레어는 전형적인 모범생이었다. 유혹이 많은 세상에서 정도(正道)를 걷는 성향은 가히 축복이었으나 양극단을 경험한 후의 선택은 아니었다. 그저 부모에게 규정된 반쪽짜리 성향이었다. 전학생 데미안은 그 점을 간파하고 싱클레어에게 제언했다.

"새는 알을 깨고 나온다. 알은 세계다. 태어나고자 하는 자는 하나의 세계를 깨뜨려야 한다." 데미안이 전적으로 옳았다. 윤리, 학문, 성실, 화목, 순수와 같은 인식이 자신(싱클레어)을 규정했지만, 그 인식은 부모의 세계관이었다. 이런 자각은 싱클레어를 감금했던 알에 균열을 일으켰다. 순종적 모범생이었던 싱클레어는 음주에 발들이고, 금지된 사랑을 탐하며 존재를 시험하기 시작했다.

일맥상통(一脈相通) – 생각 · 성질 · 처지 등이 어느 면에서 한 가지로 서로 통함

'나' 라는 인간의 존재론

왜 사는지를 모른다는 것은
마치 남이 기차를 탄다고
어디 가는 기차인지도 모르고
기차를 탄 것과 같습니다.

_김수환 추기경

'나는 왜 사는가?' 엉겁결에 태어나 떠밀리듯 살아왔던 인간은 인생론을 정의하는 순간이 온다. 정의가 필요한 이유는 방향성 때문이다. 정확한 지점을 가리키는 나침반은 외부의 풍파와 유혹으로부터 존재를 감싸는 어미와 같다. 어른이라는 수식어는 방향의 적확(的確)함이 부여하는 선물인 것 같다.

필자에게 왜 사느냐고 묻는다면 내 언문(言文)으로 독자를 이롭게 하고, 국민 지력을 드높이기 위해서라고 답하겠다. 전통을 하시는 지인은 한국 전통을 보존하고 고유 기술을 하나라도 더 남기기 위해서라고 했다. 이처럼 각기 다른 '왜 사는가?'에 대한 대답은 '목적'이다. 목적이 형상을 드러내면 마디를 연결하기 위한 '목표'가 탄생한다. 다시 목표가 형상을 드러내면 이를 시각화하기 위해 팔·다리를 움직이는 '자신(self)'이 탄생한다. 존재에게 생명을 부여하는 프로세스process(과정)다.

실제로 목소리와 눈빛에 생기가 느껴지는 이는 하나같이 '왜 사는가?'를 정의한 인물이었다. "인생은 영원히 말하는 대로"라는 유명인의 자전적 노랫말을 빌리자면, 말은 음성화된 철학이고 철학은 곧 '왜 사는가?'에 대한 대답이다.

다양성의 의미와 그 순서

내게 주어진 시간은
그리 많지 않습니다.
그런데 그 시간을
무가치한 것, 헛된 것,
의미한 것에 쓰는 것은
남아있는 시간들에 대한 모독입니다.

_법정 스님

이 말은 겨울 폐렴으로 병원에 입원했을 때 찾아온 몇몇 제자에게 남기신 제언이다. 나이는 절로 먹어가고, 병마도 의지와 무관하게 찾아오니 시간의 소중함을 피부로 느끼셨던 모양이다. 앞선 자가 오랜 세월로 경험한 시간 개념을 뒤선 자가 물려받을 수 있는 현실은 가히 축복이다. 여기에 말씀을 더욱 확장하면 논점은 '무가치'와 '무의미'가 되겠다.

베짱이가 '무가치함'을 저격하면 타깃은 개미가 되고, 개미가 '무가치함'을 저격하면 타깃은 베짱이가 된다. 이렇게 이질적인 인식에 대해 철학자 베이컨은 그것이 경험에서 비롯된다 했고, 데카르트는 사고에서 비롯된다고 했다. 필자는 두 가지가 상호보완적이라고 본다. 또한 경험과 사고가 생산한 인식의 색깔은 존재가 결정하므로 인식은 상대적이다. 곧 인생이란 타인에게 호불호이자 시비(是非)의 대상이다. 여기서 '다양성'에 도달한다.

의미를 확장하면 다양성이란 넓은 뜻에서 직업의 자유, 가치의 우선순위, 취향의 방대함을 말한다. 최소한 직업의 자유라는 조건을 충족해야 나머지 가치도 자기 방식으로 정의할 수 있다. 이 순서를 분명히 하면 무가치와 무의미, 남아 있는 시간에 대한 모독을 피할 수 있으리라.

죽음이 두렵지 않은 90세 노인

이 삶을
당연하게
생각하지 마십시오.

_법정 스님

뙤약볕이 내리쬐는 6월의 어느 날, 젖은 등을 식히기 위해 벤치로 피신했다. 4초 정도 흘렀을까? 중절모를 쓴 어르신이 지팡이를 짚고 벤치로 걸어오고 있었다. 맞은편에 앉은 어르신은 멍하니 허공을 응시했다. 내가 말했다. "더우시지요?" 무심코 던진 한마디에 대화의 물꼬가 트였다. 셋방살이로 신혼을 시작해 말년에 그릇 장사를 하셨다는 어르신은 행년(行年) 90세라고 하셨다. 나도 모르게 송구한 질문을 했다.

"죽음이 두렵지 않으십니까?"

"두렵지 않아요."

억양에 스며든 온화함에서 진심이 느껴졌다. 어르신은 그리스인 조르바 같았다.

독서광이었던 카잔스키는 경험의 철학자 조르바에게 큰 충격을 받았다. 그는 자신의 이념이나 책에서 배운 관념으로부터 자유로워야 한다는 '모든 구속으로부터 자유'를 실천하는 존재였다. 공교롭게도 한국 사회는 카잔스키를 양성하는데 주력해왔다. 풍습이라는 책이 경험을 앞선 책상형 인간 말이다. 본말전도(本末顚倒)된 내용이 많음에도 세대별 매뉴얼이 담긴 책은 바이블로 통하고 있다. 모든 선택에는 기회비용이 따르니 특정 노선을 권유할 순 없지만, 한 번은 자문(自問)해야 한다. 죽음이 두렵지 않은 자의 일생이 무엇인가를

본말전도(本末顚倒) – 일의 근본 줄기는 잊고 사소한 부분에만 사로잡힘

시장을 여는 열쇠는 무식함

어떤 고정관념,
어떤 과거에서의 인습
그런 것에 사로잡히지 마세요.

_법정 스님

우리네 인생사를 살펴보면 요지경이라는 말이 적합하다. 명문대 출신 기업가가 사업이 망해 노숙자로 추락하기도 하고, 춤에 미쳐서 대학 진학에 실패했던 자가 굵직한 댄서로 발돋움하기도 하며, 일찍 핀 꽃이 빨리 시드는가 하면, 늦게 핀 꽃이 우직하게 자리를 지키기도 한다. 물론 남다른 떡잎이 될성부른 나무로 굳건히 장수하는 경우도 있다. 요지는 과거에 사로잡혀 스스로를 묶지 말라는 것이다.

 주위에 한 명씩 있는 '걔가 어떻게 그렇게 됐지?'의 주인공은 본디 비범한 인물이 아니었음을 내포하고 있다. 어느 지점에서 문리가 트여 시장에 기술을 관철했고, 지속적으로 설득해왔을 뿐이다. 시장의 반응은 며느리도 모를 만큼 급격한 유동성을 갖고 있다.

 이렇듯 인생을 사는 자세란 모름지기 쌓고 또 쌓고의 반복이다. 기준점을 10미터에 두었던 자가 목표를 달성하여 100미터에 도전하고, 100미터를 완주한 자가 1000미터에 도전하면서 점진적 진화를 이루어 간다. 문장이야 멋들어지게 표현했지만 그 과정에서 얼마나 많은 제약과 두려움이 있었겠는가? 그 두려움을 안고 시장에 기술을 관철하는 자에게 성장이라는 결실이 따라오는 법이다.

선택했는가 선택당했는가

남이 한다고 해서
덩달아 따르지 말고
자기 의지대로
살 줄 알아야 돼요.

_법정 스님

왜 매년 대기업, 공무원 지원자는 즐비 하는 걸까? 취준생이 직업전선에 뛰어들면 정보 교류가 발생하고 누군가는 데이터를 도식으로 만든다. 경험이라곤 책상이 전부인 후발주자는 선발주자의 도식을 지표 삼아 행로를 결정하게 된다. 너도나도 입사에 지원한다면 고도화된 인력이 순차적으로 뽑히지 않겠는가?

영국 극작가 서머싯 몸은 "비록 5천만 명의 사람들이 어리석은 것을 주장한다고 해서 그것이 진실이 되지는 않는다"라고 했다. 집단 사고에 맹목적으로 순응하는 현상을 경계하는 말일 게다. 인간은 저마다 독립적인 존재이고, 아이덴티티(정체성)가 중축(中軸)이 되어 움직여야 한다. 광장에서 3명이 하늘을 가리키면 덩달아 하늘을 쳐다보는 삶이 아닌 스스로 하늘을 가리키는, 그 안에서 형성된 구성원과 부대끼며 살아가는 능동적인 삶이어야 한다. 구체적으로, 선택은 내부에서 행해져야 하며 "이것을 왜 하느냐"라는 질문에 독창적인 답변을 할 수 있느냐가 관건이다. 집단 사고에 지배당하지 않을 때 독립적인 인간상은 서서히 모습을 드러낸다. 어느 유명 시인의 구절을 각색하자면 인간을 인간답게 만드는 건 8할이 아이덴티티(정체성)다.

유행에 속지 마라

유행을 따르는 사람들은
빨리 시들어요.
끝도 없는 것을 따르려니
안 그러겠어요.

_법정 스님

유행을 따르지 말라는 법정 스님 말씀을 '이념'으로 승화하여 풀어내고 싶다. 생각에 내재하는 주술적인 힘은 행동을 결정짓기 때문이다. 먼저 세상을 관조해보면 시대별 이념이 존재했다. 첫째. 노력_새뮤얼 스마일스 자조론(하늘은 스스로 돕는 자를 돕는다) 둘째. 상상_론다 번 시크릿(꿈을 시각화하면 이루어진다) 셋째. 힐링_김난도 교수(아프니까 청춘이다) 넷째. 인문학_마이클 샌델(정의란 무엇인가) 다섯째. 분노_(헬조선, 금수저)

열거한 이념의 공통점은 당시 단 하나의 진리로 둔갑하여 행동을 촉진했다는 점이다. 그러나 따로 떼어놓고 보면 대립각을 세우고 있다. 그렇다고 노력 이념이 물결치는 시대에 사회비판을 접어두고, 헬조선 이념이 물결치는 시대에 노력을 멈출 수 있는가? 핵심은 이념에 너무 젖어 들지 말라는 것이다. 얼음장을 인간에 비유하면 이념은 그 밑으로 흐르는 물이다. 관조하고 흘려버릴 정도에 지나지 않는다. 어느 시대를 살더라도 20대는 혁신을 일으키는 시기이며, 그 시절에 행해야 할 생각·행위는 대동소이(大同小異)하다. 되려, 본업에 심취한 나머지 사회를 인지 못 할 정도의 집중력이어야 풍선처럼 떠오를 수 있다.

대동소이(大同小異) – 큰 차이 없이 거의 유사함

쇼핑과 직업의 상관관계

자기 길이 아닌데
자기 몫이 아닌데
자기 그릇이 아닌데
챙기려고 하니까
파탄이 오는 거죠.

_법정 스님

각계각층의 인물과 교류할수록 얼굴과 성격에 운명이 깃들어 있다는 확신이 든다. 한 가지 일을 붙잡고 연구하는 부류는 대개 수수한 외모에 조용한 성격을 갖고 있다. 반대로 관계를 통해 실적을 내는 부류는 대개 수려한 외모에 사람 좋아하는 성격을 갖고 있다. 이렇듯 자기 길이란 여기저기 수소문하며 찾아내는 게 아니라 이미 나 있는 길을 발견하는 데 있다. 마치 각양각색 의상을 구비해놓은 의류 매장에서 '입고 싶은 옷'이 아닌 '어울리는 옷'을 구매하는 행위와 같다.

 그런 점에서 축구를 시작한 박지성의 선택은 신의 한 수였다. 조용한 성격, 평범보다 약간 못한 외모, 집돌이(집에 있기 좋아하는 스타일), 우직한 성실함은 운명처럼 그를 한국 축구 영웅으로 환생시켰다. 2002년 월드컵 4강 신화로 대표팀이 유명세를 탔을 때 1년도 채 안 돼 네덜란드 PSV로 이적했고, 2005년 잉글랜드 맨체스터 유나이티드로 이적했다. 유명세는 하늘로 치솟았으나 사방이 외국인이었던 환경과, 365일 우중충한 영국날씨는 그를 집으로 몰아넣었다. 덕분에 애인으로 인한 집중력 하락이나 스캔들 한번 없이 오롯이 축구에 매진할 수 있었다. 마치 하늘이 그를 점지한 것처럼…….

인간 자체에 내재한 비범성

희망이 있는 곳에만
희망이 있는 것은 아닙니다.
희망이 없는 곳에도
희망을 걸어야 해요.

_김수환 추기경

살다 보면 자기 불신증에 걸린 사람을 간혹 만나곤 한다. 속내를 살펴보면 크고 작은 성공 경험이 전무했던 까닭이었다. 나 역시 학창시절을 적극적 무행으로 일관했기에 이 범주에 속했다. 그 상태에서 사회에 발 딛는 시기가 오자 갈팡질팡했고, 때로는 비제도권으로 숨은 적도 있었다. 내가 틀을 깨뜨린 계기는 책이었다. 특히 오랜 기간 연구를 통해 데이터를 제시하는 교육학 서적을 보면서 현실적 가능성을 품었다.

다중지능 이론으로 유명한 하버드 대학 교육 심리학과 하워드 교수는, 장기간 창조성과 재능을 연구하면서 이런 결론을 내렸다. "'누가 비범한가?'라는 질문은 잘못된 것이다. '어디에 비범성이 있는가?'라고 물어야 한다." 인간 자체에 비범성이 존재하며 여러 실험을 통해 내재한 비범성을 끄집어내라는 뜻일 게다. 필자 역시 못하는 분야를 잘하려고 노력해봤고, 운 좋게 비범성 있는 분야를 발견하여 매진하기도 했다. 후자의 경우 마치 순풍에 돛 단 듯 이른 시일 내에 두각을 나타냈다. 살면서 그 분야를 한 번도 공부하지 않았고, 남보다 늦게 시작했는데도 말이다. 지난날을 엉망으로 채색한 자가 어느 날, 성과를 내어 세간의 주목을 받는 경우도 대개 그러할 게다.

타고난 사주팔자의 실마리

인간은 저마다 특성이 있어요.
특성을 살려줘야 한다니까요.

_법정 스님

토끼는 들판을 달리고 물고기는 물속을 노닐며, 원숭이는 나무를 타는 사주팔자를 안고 있다. 녀석들이 지금껏 생존할 수 있었던 이유 중 하나는 타고난 특성을 부단히 연마했기 때문이다. 동물과 마찬가지로 사람도 타고난 사주팔자가 있다. 그것은 특성이라는 이름으로 체내에 흘러왔다. 흐르는 특성을 쫓다 보면 잠재해 있던 운명의 그림자가 서서히 형상을 드러낸다. 그때까지는 관찰과 행동이 같이 행해져야 한다.

첫째. A는 고음을 잘 내고, B는 글쓰기가 아름다우며 C는 수학에 능통하다. 그 점을 자각했다 함은 자신을 시험했다는 결론에 도달한다. 만약 특성을 인지하지 못했다면 불확실성에 몸 던지는 작업이 필요하다.

둘째. 습작을 반복하다 보면 의식적·무의식적으로 '어? 나 좀 잘하는 것 같은데?' '남보다 빨리 배우는 것 같은데?'라는 생각이 스친다.

셋째. 동일업종 종사자의 크고 작은 인정이 뒤따른다. 여기서 인정은 노력이 아닌 가능성 혹은 재능을 뜻한다. 배트를 갓 휘두른 초심자에게 인정이 따른다는 건 흔한 일이 아니다.

넷째, 짧게는 1년 길어봤자 3년만 우물을 파다 보면 '이 도구로 먹고살 수 있겠는데?'라는 생각이 절로 스친다.

움직이기 전에 시장을 읽어라

전체를 봐야지
어느 한 부분만
보아서는 안 됩니다.

_법정 스님

교육이 현실을 도외시하고 뜬구름을 잡으려는 듯 보여서 염려스럽다. 청년 실업률 9.4%를 웃도는 시대에 인문학, 전인교육, 인성교육 따위가 머리를 내미는 꼴이니 말이다. 옛말에 "공부 좀 못하면 어떠냐? 인간이 되면 된다. 인간이 안 되면 어디에다 쓰겠냐?"라고 했는데 참으로 우스꽝스러운 신선놀음이다. 인성만 훌륭한 인간에게 자급자족(自給自足)이 가당키나 할까?

상황이 이렇다 보니 우리 직업관은 바늘구멍처럼 좁아서 망망대해를 헤매고 있다. 99%를 위한 교육이란 졸업 후 자급자족(自給自足)의 기술을 쥐여 주는 프로세스여야 하는데 말이다. 만약 필자가 타일공을 추천한다면 어떻게 받아들이겠는가? 아는 사람은 안다는 타일공은 정년 없는 직업으로 두각을 나타내는 실정이다.

요지는 견문의 심도이다. 세상을 보는 시야가 얼마나 트여있는지가 관건이다. 시대 흐름에 맞춰서 자신을 깎아내는 유형이 있는 반면 넓은 시장을 두루 섭렵한 후 적재적소(適材適所)에 자신을 밀어 넣는 유형이 있고, 아무도 가지 않은 길을 개척하는 유형도 있다. 어떤 루트를 선택하든 본인 자유이지만 최소한 학습을 진행한 후에 움직여야 한다.

적재적소(適材適所) – 어떤 일에 적당한 재능을 가진 자에게 적합한 지위나 임무를 맡김

늦었음에 대한 현실적 반론

내가 이 나이에 뭘 하겠느냐고
생각하는 것은
스스로 성장을 포기하는 일이지요.

_법정 스님

해왔던 일을 뭉개고 새 분야에 진입하는 운명은 물적·심적 부담을 수반한다. 손에 잡은 일이 수익 창출에 오랜 시간이 드는 경우는 더욱 그렇다. 이렇게 아무리 패를 섞어도 좋은 합이 나오지 않으면 종종 인지 부조화를 일으키곤 한다. 내가 이 나이에 뭘 하겠느냐며 쉬운 길로 회피하려는 것이다.

그 말대로 당장 눈앞만 보면 사방이 어두컴컴하다. 수익이 발생하지 않는 기간은 고단하기 마련이다. 그러나 삶은 그렇게 단순하지도 짧지도 않다. 대부분 일은 장기성을 띠고 있다. 불혹(不惑)에 새 분야에 진입했더라도 20년이면 궤도에 오르며, 나이는 육십에 불과하다. 본인 연령대와 타인에 대한 의무가 제로임을 감안한다면, 지금은 풍선처럼 가벼운 시기다.

한 가지 더 말하자면 인간은 이기적인 동물이다. 자신을 접고 타인으로 살아가는 건 불가능하다. 어떤 이유에서든 자신을 접은 사람은 번뇌를 안고 살아간다. 더욱 선명하게 드러내자면 죽음을 두려워한다. 행하지 못한 일에 대한 아쉬움을 안고 종점을 향해 움직이는 삶이라는 게 그렇다. 전쟁터에서 손을 놓친 자식을 그리워하는 어미마냥, 후회가 쌓이고 육체는 흙으로 돌아가도 차마 눈을 감지 못하는…….

본업+사유재산=자유

인간에게 자유라는 것은 가장 소중한 것입니다.

_김수환 추기경

고군분투(孤軍奮鬪) - 남의 힘을 받지 아니하고, 힘에 벅찬 일을 극악스럽게 함

우리는 종종 돈을 좇기보다 하고 싶은 일을 하는 행위를 자유라고 규정해왔다. 여기에는 "아침에 일어나고 밤에 잠자리에 들며 그사이에 하고 싶은 일을 한다면 그 사람은 성공한 것"이라는 밥 딜런식 골방 예술가 철학도 크게 한몫했다. 나 역시 그 말에 감동하여 하고 싶은 일을 하는 자체를 성공으로 규정한 피해자였다. 우스꽝스럽게도 발언자 배경에는 천문학적인 돈과 음악적 명성이 깔려있었지만 말이다.

단언컨대 업(業)으로 수익을 창출하려는 욕구를 버리면 십중팔구는 허무주의에 표류한다. 너무나 고귀하고 숭고한 가치가 사유재산이라는 동력을 하찮음으로 치환하기 때문이다. 따라서 하고 싶은 일을 하는 자유에는 지속적인 부가가치가 잇따른다.

안타깝게도 이런 논지는 종종 빈곤한 업에 종사한다는 반론과 맞닥뜨리곤 했다. 그러나 그 어떤 직업도 가난을 못 박지 않았다. 한 평짜리 가게를 운영하는 열쇠공도 있지만, 유일하게 한국은행 금고에 들어가는 열쇠장인도 있다. 삶의 끝자락에서는 결과를 받아들여야겠지만 미리 선 그을 필요 있는가? 결핍을 합리화하는 철학적 방관은 그 개념을 팔아 먹고사는 자의 밥줄일 뿐이다. 사유재산을 동력으로 하는 고군분투야말로 사피엔스의 본능이다.

공자는 가난하지 않았다

가난은
결코
미덕이 아닙니다.

_법정 스님

공자는 노나라 수도 취푸에서 학문이 깊고 예(禮)에 관통한 사람으로 유명했다. 명성에 걸맞게 배움을 구하고자 하는 이가 문전성시를 이뤘고, 공자는 사학으로 요청에 화답했다. 중국 런민대학교 국학원 량타오 교수는 '공자행년고(孔子行年考)'라는 책에서 그의 행적에 대해 "23세에 학교를 세우고 30세까지 운영했다. 그 후 일자리를 찾아 제나라로 갔지만, 상황이 여의치 않아 1년 만에 노나라로 돌아와서 51세까지 학생을 가르치다가 관리가 되었다"라고 했다. 대략 30년을 운영한 셈이다. 사학은 정부 보조금이 없는 탓에 학비를 받는다. 과장된 감이 있지만 가장 번성할 때 문하생이 3,000명을 넘겼다고 한다. 55세 때 위나라 영공(靈公)의 부탁으로 귀족 자제를 가르칠 때는 1년에 좁쌀 6만을 받았다. 당나라 수치로 환산하면 좁쌀 2,000석에 무게는 90톤, 280명이 1년 동안 먹을 수 있는 양이다.

가난한 학자의 아이콘인 공자는 가난하지 않았다. 법정 스님도 가난 자체는 미덕이 아니라고 하셨다. 되려, 사유재산은 안식과 자유의 어머니이며 기술·제품의 고도화를 이룩하게 해준다. 궁극적으로 화폐가 있어야 움직일 수 있는 세상이다.

보통 사람이 재해석한 용기

우리가 만든 벽은
우리를 가둡니다.

_법정 스님

18살의 나는 악설을 즐기는 방관자였다. 본인 삶은 방치하는 주제에 타인의 고군분투를 혓바닥으로 재단하곤 했다. 도전자에 대한 자격지심과 도전할 용기없는 열등감의 그릇된 표출이었다. 그런 태도는 입만 살았다는 수식어를 안겨주었다. 쥐뿔같은 자존심은 있는지라 그따위 삼류 인생으로 전락하기는 싫었다.

때마침 노래만으로 가수를 뽑는 오디션 프로그램이 출격했다. 노래방에서 바이브레이션 좀 넣는다는 착각은 지원서 작성으로 이어졌다. 현장에 지원자가 어림잡아 1만이었다. 그 속에서 우승을 꿈꾸었으니 얼마나 담대한 배짱인가?

땡볕과 5시간을 씨름하고서야 고지에 도달할 수 있었다. 천막 안의 심사위원이 지루한 표정으로 나를 응시했다. 난생처음 대면하는 쌀쌀맞은 인간 앞에서 휴대전화를 마이크 삼아 목청을 쥐어짰다. 이런 게 용기인가 싶었다.

9년간 올드 트래퍼드를 안방처럼 누빈 박지성은 아직도 필드에서 떨린다고 고백했다. 경기장에서 내가 최고라고 되뇌었던 주문 뒤에는 한낱 나약한 인간이 존재했다. 용기란 두렵지 않은 상태가 아니었다. 두려움을 안고 도전하는 고귀한 몸짓이었다. 1주일 후 합격 여부를 듣기 위해 방송국에 전화했을 때 그동안 수고했다는 목소리가 들렸다.

무언가를 할 수 있으려면

우리는
무엇인가를
할 수 있습니다.

_김수환 추기경

다비드상의 창작 비결을 묻는 교황에게 미켈란젤로는 "다비드와 관련 없는 것은 다 버렸습니다"라고 했다. 만물은 연결성을 띠므로 하나의 깨달음은 다른 분야에 적용이 가능하다. 그렇다면 '할 수 있음'과 무관한 것은 무엇일까? 작가 데이비드 솅크의 저작 '우리 안의 천재성'에서 정답을 도출할 수 있다.

"전문직 가정의 아이는 일 년 5천 2백 시간에 16만 6천 번의 격려와 2만 6천 번의 반대를 받는다. 노동자 가정의 아이는 6만 2천 번의 격려와 3만 6천 번의 반대를 당하고, 생활보호대상 가정의 아이는 2만 6천 번의 격려와 5만 7천 번의 반대를 경험한다." 정답은 '할 수 없음'이다. 할 수 있으려면 할 수 없음을 버려야 한다. 게다가 늘상 맞닥뜨리는 할 수 없음의 투쟁자는 비(非)전문가다. 그들은 그저 능숙한 말솜씨로 시류에 떠도는 관념을 쏟아 낼 뿐이다. 투자가 찰리 멍거는 운전사의 지식이라고 불렀다. 모르는 분야를 아는 척 현란하게 떠드는 운전사에 빗댄 말이다. 그들은 성공에 침묵하고 실패에 칼을 드는 암적인 존재다. 다시 운전사의 지식과 조우하면 이렇게 물어라. '당신은 그 분야의 전문가입니까?'

미래를 예측하는 똑똑한 바보들

속세는 말이 많아요.
그렇지만
그 말에 끄달리면 큰일을 못합니다.

_법정 스님

유럽이 주목하는 지식경영인 롤프 도벨리의 저서 '스마트한 생각들'에 나오는 대목이다.

"버클리대학교의 교수인 필립 테틀럭은 284명의 전문가들이 쏟아낸 82,361건에 달하는 예측들에 대해서 10년이라는 세월에 걸쳐 그 진위 여부를 확인해보았다. 그 결과 그 대단한 전문가들의 예측들이 아무렇게나 즉흥적으로 숫자를 댔던 사람들과 마찬가지로 거의 맞는 게 없었다는 사실이 밝혀졌다. 특히 가장 많이 매스컴의 주목을 받았던 전문가들, 가령 지구 멸망을 예측하거나 국가 해체 시나리오를 읊어대던 전문가들이 엉터리였다는 것이 입증되었다."

주장에 힘을 좀 더 싣자면 필자가 도서관을 통째로 읽어버리겠다고 했을 때, 이름만 대면 알만한 유명 강연가는 내 계획을 반대했었다. 나는 그의 반대를 즉석에서 반박하고 도서관으로 직행했다. 몇 년 후 필자가 작가를 꿈꿨을 때 같은 그림을 그리는, 먼저 꿈을 현실로 만든 이들은 하나같이 불가능에 몰표했다. 열 받는 소리만 골라서 하는 그들을 뒤로하고 만 번만 도전해보자며 타자기를 두들겼다. 이 서적이 결과물이다. 그러니 그 말에 끄달리지 마라. 미래를 예견하는 사람은 무지하거나, 자신이 무지하다는 사실을 모르는 바보들뿐이다.

두 번째 생각

—

일진월보
日進月步

- 개구리 올챙이 적 시절에

굳이 왜 고된 길을 가느냐고 물으면
우리네 삶이 대개 그렇다고
뭉뚱그려왔다.

실은

쉬운 길로만 가보았더니
남에게 쉬운 사람이 되더라는
지난날을 숨긴 채

인생은 노력 반 행운 반의 영원한 현재진행형

우리 자신의 힘만으로
단숨에 모든 문제를
해결할 수는 없습니다.

_김수환 추기경

될 놈은 어떻게든 되고 안 될 놈은 절대 안 된다는 말. 배경의 불평등, 결과의 불평등에 몸서리치는 문자화된 아우성이라고 생각한다. 나 역시 비관에 기댈 때도 있었고, 염세에 숨은 적도 있었다. 때론 결과는 노력을 배신하기에 곧은 마음도 찌그러질 때가 있다. 게다가 미약하게나마 이뤘던 성공을 되새겨보면 찰나의 순간마다 행운이 작용했다. 특히 인연은 하늘이 점지해준다는 느낌을 강하게 받는다.

그렇다고 안 될 놈은 평생 맨땅에 고꾸라질 운명이고, 될 놈은 사과나무를 지나가기만 해도 사과가 떨어지는 운명일까? 필자의 견해로 인생은 노력 반 행운 반의 영원한 현재진행형이다. 인간은 미래라는 형이상학을 1%라도 아름답게 만들고자 데이터를 축적해왔다. 시류에 물결치는 수만 가지 격언은 그 소망의 상징이다. 동시에 모든 격언은 '될 때까지'라는 먼 훗날의 전제조건을 달고 있다. 반면 성공은 하늘이 점지해준다지만 천우신조(天佑神助)를 받은 인물이 조작에 의해 무너지기도 한다. 그러나 인간의 메커니즘은 허무주의를 능가해왔다. 결과가 피땀을 조롱하더라도 다시 '희망'이라는 신을 창조할 것이며, 희망은 그를 행운으로 인도하리라.

천우신조(天佑神助) – 하늘이 돕고 신이 도움

영원히 주관적인 세상

우리 자신이
변해야
세상이 변합니다.

_김수환 추기경

엄밀히 말해 이 세상은 각자의 주관적인 형태로 이뤄져 있다. '세상 돌아가는' '세상 분위기가'라고 할 때 '세상'은 주관을 짙게 반영한 개인적인 산물이다. 여기서 판단 잣대로 작용하는 주관 이전 단계에는 '행위'가 있다. 아침 6시에 일어나 한 시간가량 땀 흘리며 운동하는 이가 보는 세상은 뭔가 모를 기분 좋음이다. 반대로 아침 6시까지 게임을 하다가 담배 피우러 나가는 이가 보는 세상은 뭔가 찌그러진 형태다.

이야기를 확장해보면 6시에 운동을 하든, 6시까지 게임을 하든 반복적인 행위에는 결과가 잇따른다. 사회는 오롯이 그 결과로 나를 대우한다. 그렇다면 사회에 몸담아야 하는 인간상은 아침 6시에 일어나서 운동하는 형태일 게다. 체력단련 겸 유학비 충당으로 새벽 4시에 신문 배달을 하고 있는 어느 청년, 요리 재료만 보면 행복해서 어쩔 줄을 모르는 요리 연구가, 야근 속 불빛으로 어두운 거리를 밝히는 자영업자의 세상은 아름다움의 극치가 아닐까? 그러니 오르막길을 너무 고되게 생각하지 말고 너무 기합 넣지도 말지어다. 편한 마음으로 오르막길을 걸어가다 보면 주관적인 세상은 어느새 아름다운 형태를 그리고 있으리라.

일류가 아니어도 괜찮은 현실적 이유

일류가 아니라도
다
살아남습니다.

_법정 스님

뛰는 놈 위에 나는 놈, 즉 유년 시절부터 한 분야에 힘 쏟은 자가 우위를 선점함은 필연적이다. 어떤 분야에서 첫째가는 지위나 부류를 뜻하는 일류는 아마 그의 몫일 게다. 하지만 세상은 그리 단순하지 않다. 우수한 이가 너무 많아서 '탁월함'이 일반화로 둔갑하면 독창성을 갈망하게 돼 있다. 베스트셀러 작가 세스 고딘의 저서 린치핀에도 이런 대목이 있다.

"내가 아는 한 지휘자는 협연을 하면서 세계를 여행한다. 각 도시를 거칠 때마다 별로 알려지지 않은 능력 있는 음악가들을 고용한다. 그는 이들에게 대가를 거의 지불하지 않는다. 밖에서 대기하고 있는 사람이 너무 많기 때문이다. 찍어낸 음악가들이 넘치는 상황은 가치를 창조하거나 평균보다 나은 임금을 받을 수 있는 기대를 무너뜨린다. 그런데도 여전히 요요마와 벤젠더, 구스타브 두다멜은 수많은 사람들이 찾는다. 큰돈을 벌 뿐만이 아니라 온갖 재미를 누리며 산다. 틀에 자신을 끼워 맞추지 않고, 악보대로 연주하지 않고, 규칙을 알아도 그것을 깬다. 그들은 예술가다." 실력을 연마하되 그 위에 독창성을 곁들이면 반드시 살아남는다. 이때 독창성을 곁들이는 과정에서 반드시 시장을 염두(念頭)에 두어야 한다.

실력과 노력에 대한 분명한 정의

여러분들은
자신의 꽃을 피우기 위해
얼마나 많은
준비를 하고 노력을 했습니까?

_법정 스님

법정 스님처럼 준비와 노력을 강조하는 풍토는 사회 특성에 기인한다. 이 바닥은 노력이 밀어 올린 실력으로 인정받는 곳이다. 철저한 실력주의(자본주의) 시스템이었기에 6·25 사변으로 폐허가 되고도 경제 강국으로 도약할 수 있었다. 원조(援助)를 받던 나라에서 이렇게 단기간에 원조하는 나라로 변모한 사례는 세계 역사상 전무하다. 지금은 미국과 FTA 줄다리기를 할 정도이다.

그런데 요즘은 노력과 실력을 떨어뜨려 "노력해도 안 된다"는 염세적 문구를 선전하는 흐름이 있어 염려스럽다. 누구도 '노력=보상'이라고 말하지 않았는데 말이다. 다만 실력의 일환인 노력을 과대선전하는 경우는 많았다. 만약 노력과 실력을 구분하지 않고, 적당히 섞는 레토릭Rhetorik(수사학)을 구사한다면 그는 거짓말쟁이다.

경험해본 자라면 알겠지만, 목표 지점에 공을 던지다 보면 스스로 부족한 부분을 절감하게 된다. 그 부분은 정확히 '실력'이다. 빈틈을 메우려면 노력이 선행돼야 한다. 이렇게 숨은 의미를 이해하면 노력을 강조하는 풍토가 정상임을, 약간 가혹한 느낌을 받을지라도 그 자체가 살아가는 데 필요한 최소한임을 알 수 있다.

고된 길이 곧 바른길

뭐든지
너무 쉽게 되면 안 좋아요.
쉽게 이루어지면
쉽게 무너져요.

_법정 스님

언제부터인가 고개를 내밀었던 영문 모를 몇몇 학교는 진학 기준이 사뭇 달랐다. 고교 3년 동안 연필을 내팽개쳤던 인물을 수용하는 4년제 대학교, 지나가다 발에 채는 사람보다 못한 지망생을 받아주는 학과의 존재론은 무엇일까?

이력이란 사람이 어떤 공부를 얼마만큼 해왔느냐의 척도라는 견해다. 그 베이스에는 실력이 자리하고 있고, 이력은 실력의 문자화된 형태다. 예컨대 국부론의 저자 애덤 스미스는 교환 욕구가 전문직을 양산한다고 주장했다. 집을 지어주는 대가로 사슴고기를 얻는 자는 목수가 된다는 게 그의 논리였다.

그러나 앞에서 서술했듯 쉽사리 입성 가능한 루트를 밟으면 교환 능력이 결여된다. 역설적으로 쉽게 이루어졌기 때문이다. 예민한 학교문제를 예로 든 이유는 필자도 피해자 중 한 명이었고, 그 길의 말로를 알고 있어서다. 핵심은 학력이 아니라 어렵고 힘든 길이 옳은 길이라는 의미다. 법정 스님 말씀처럼 약간 어렵고 약간 힘들게 이뤄져야 고도화된 교환 능력이 탄생한다. 이제는 진실과 마주하여 개인은 고도화된 교환 능력을 연마하고, 사회는 그들이 역동적으로 활동할 수 있는 판을 깔아주는 상향평준화가 절실하다.

당연함과 지루함의 반복

천 리 길도
처음 내딛는
한 걸음부터 시작이 됩니다.

_법정 스님

김건모는 2008년 TV 토크쇼에 출연해서 이런 질문을 받았다.

"노래 잘하는 비결이 무엇입니까?"

"10년 꾸준히 하다 보면 어느 정도 궤도에 오르는 것 같아요"

순간 찬물을 끼얹은 듯 분위기가 얼어붙었다. 가문의 비책을 선사하리라는 기대와 달리 돌아오는 답변은 너무나 평이했다. 노래에 관심 많았던 필자도 눈살을 찌푸렸던 기억이 선명하다. 하지만 지금 생각해보면 김건모는 진심이었던 것 같다. 그의 가창력에 감탄하는 사람은 많지만 4살 때부터 피아노를 쳤었다는 사실은 잘 모른다. 빵 한 조각을 피아노에 나눠줄 만큼 음악과 가까웠던 아이는 고작 4살에 한 우물을 파기 시작했다.

군악대 복무 3년 동안은 음을 한 단계씩 높여가며 '간다~'라고 소리 질러 득음을 꾀했고, 서양 뮤지션의 목소리를 닮고자 양담배와 양주를 가까이했다. 프로듀서 김창완과 작업할 때는 총망라한 장르를 소화하기 위해 플라스틱 자로 맞아가면서 배웠다고 한다. 자타가 공인하는 국민가수는 4살 때 피아노를 치기 위해 내디뎠던 한 걸음을 우직하게 반복해왔다. 진리란 때로는 당연함이어서 당연함의 뻔함과 지루함을 반복하는 사람이 이긴다.

오늘을 사는 연습

내일로 미루지 마세요.
내일은 없어요.

_법정 스님

젊은 날 나의 연습관에 지대한 영향을 끼친 A(대형 기획사 보컬 트레이너), B(서울 유수 대학 실용음악과 학생), C(덴마크 B-boy 대회 우승자)는 이구동성(異口同聲)으로 말했다. "연습은 하고 싶을 때 해라. 하기 싫을 때 하지 마라."

혼란스럽게도 조언에 충실할수록 이상은 현실과 멀어졌다. 마치 장님이 눈먼 말을 타고 다니듯 아주 위태로운 맹인할마(盲人瞎馬) 상태에 빠진 것 같았다. 장님의 여행길에는 안내자가 필요한 법인데 나는 혼자였다. 한 치 앞에 낭떠러지가 있을지 모르는 상황에서 여행을 지속할 수 없었다.

방구석에 누워서 조언을 곱씹어보았다. "연습은 하고 싶을 때 해라. 하기 싫을 때 하지 마라"는 제안은 실로 추상적이었다. 그것을 게으름의 합리화를 위한 구실로 악용할 때도 잦았다. 새 안내자가 필요했다.

불행 중 다행이었다면 그 존재를 책에서 구했다는 점이었다. '나는 내일을 기다리지 않는다' 내일만 기다려 온 나를 물먹이는 제목이었다. "오늘을 내일로 스스럼없이 양보하기 시작할 때 그런 하루들이 모여서 예술 인생에 종지부를 찍는 것이다." 우연히 마주한 책 속에서 새 안내자를 만났다.

이구동성(異口同聲) – 여러 사람의 말이 한결같음

꾸준함의 뇌과학적 이론

내일은
오늘의 연장이에요.

_법정 스님

재능에 의문을 느끼고, 연습에 회의가 생기는 순간은 피땀 눈물이 성과로 이어지지 않을 때다. 전문용어로 '평탄면의 시련'이다. 새로운 동작을 연습하면 뇌에서 새로운 시냅스가 생기는데, 곧장 사용하지는 못한다. 스킬을 터득하는 과정 때문이다.

스킬은 뇌에서 미세한 전기 신호가 신경섬유 회로를 통해 이동하면서 터득된다. 정확한 방법으로 연습을 반복하면, 신경 절연 물질 '미엘린'이 피복처럼 신경섬유를 감싸면서 절연층을 만든다. 한 겹씩 늘어날 때마다 실력이 향상되고 속도가 점점 빨라진다. 미엘린 응고과정이다. 표면적으로 정지 상태처럼 보여도 뇌에서는 선순환이 이뤄지고 있다.

그렇다면 평탄면의 시련을 극복하는 지름길은 무엇이냐? '정확한 방법'으로 '매일' '꾸준하게' 단련하면 된다. 신기하게도 일가를 이룬 자들은 연습 과정에서 동물적인 감각으로 깨달았던 모양이다. 가수 김현식은 노래를 힘들어하는 후배에게 "잘하려고 하지 마라. 그냥 해라. 대신 매일 해라"고 했다. 발레리나 강수진은 "나는 내일을 믿지 않는다"라고 했고, 프로듀서 박진영은 "같은 일을 반복하는 지겨움을 이겨내는 사람이 성공한다"고 했다.

우직하게 꾸준할 수 있는가

나중에 어떻게 될지 모르니까
오늘 하루를 성실히 노력하여
내일을 준비하는 것이지요.

_김수환 추기경

가끔 사무치는 "내가 이 일을 끝까지 할 수 있을까?"라는 고민이 불투명한 미래를 부여잡는 키는 아니다. 오히려 내면에 망설임을 심어준다는 견해다. 산꼭대기에서 굴러오는 바위가 왜 무서운지 아는가? 일말의 망설임도 없기 때문이다. 마찬가지로 확신에 찬 '오늘'을 우직하게 연결해나가면 10년 후 미래도 동일한 '오늘'이 된다.

언젠가 예능 '라디오스타'에 시트콤 '거침없이 하이킥' 10주년 특집 기획으로 이순재, 신지, 최민용, 김혜성이 출연했었다. 오랜만에 보는 얼굴이라 근황이 궁금했는데, 젊은 세 사람은 별다른 활동 없이 과거를 풀어내고 있었다. 반면에 가장 연로한 이순재 선생께서는 '오늘'을 우직하게 연결하고 있었다. 오랜 기간 연예계에 머물면서 어떤 부류의 사람이 생존하는지 몸소 체득하신 모양이다. 그 모습을 보면서 전국책(戰國策) 진책(秦策)편에 행백리자 반어구십(行百里者半於九十)이라는 성어가 떠올랐다. "백 리를 가는 자는 구십 리를 반으로 잡는다"는 뜻이다. 마지막의 마지막을 절반으로 규정하기란 얼마나 어려운가? 이순재 선생의 행보를 보면서 불투명한 미래를 부여잡는 키가 무엇인지 다시금 확신했다.

약간 특이한 몰입형 인간의 방법론

밥 먹는 시간도
아까울 만큼
일에 몰두했습니다.

_김수환 추기경

오후 11시 30분, 가족끼리 TV를 보다가 주섬주섬 옷을 챙겨 입었다. 어디를 가느냐는 어머니의 질문에 '연습실!' 한 마디를 던지고 문밖을 나섰다. 새벽까지 노력하는 젊은이의 멋스러움을 보여주기식으로 어필하고자 했다. 타깃(target)은 누이였다. 그녀는 제 눈에 뭘 해도 어설프고 졸렬하기 짝이 없던 동생의 날갯짓을 곱게 보지 않았다. 그 오만한 시선을 짓밟고 싶어서 새벽까지 노력하는 연출을 일삼곤 했다. 대학(大學)에 "군자는 자신이 홀로 있을 때 삼간다"라고 했지만, 필자는 누이가 있을 때 극도로 삼갔다.

주위들은 소스는 많아서 밥을 5분 만에 해치우거나, 한 끼 거르는 '몰입형 인간'에 빙의하기도 했다. 가끔은 이러다가 정말 성공할 것만 같아서 어쩔 줄을 몰랐다.

꽤 오랜 시간이 흘렀을 때 고도의 연출은 자연스러운 노출로 변태(變態)하고 있었다. 누이를 향한 와신상담(臥薪嘗膽)이 원동력이었다. 고도의 연출을 반복적으로 습득한 뇌가 습관을 만들었고, 나르시시즘(Narcissism)에 기초한 자기충족적 예언이 성향을 바꿔놓았다. 어느 성공자의 말처럼 "오늘의 저를 만들어 준 망할 그분"에게 감사하고 싶을 지경이었다.

와신상담(臥薪嘗膽) - 원수를 갚으려고 온갖 괴로움을 참고 견딤
나르시시즘 - 자기애

삼류와 일류의 털끝 차이

신문 한 장 한 장을
예술 작품 만드는 듯한
정성으로 제작했습니다.

_김수환 추기경

미용사에게 커트 시 앞머리 숱을 치지 말아 달라고 부탁했다. 고객의 요구를 받잡은 아티스트는 네일(nail) 사업가와 수다 떨며 커트하는 여유를 과시했다. 난시가 심한 탓에 안경을 쓰고서야 상태를 확인할 수 있었는데, 핑킹가위에 잘려 나간 종이처럼 앞머리가 너덜거렸다. 그런 졸작(拙作) 앞에 미용경력 25년은 모래성처럼 무너졌다.

이렇게 가끔 운이 나쁘면 생업(生業)의 궤도가 운전 실력에 멈춘 사람을 만난다. 일정 궤도에 들어선 익숙함이 산만함을 야기하는 현상 말이다. 레이싱 대회에 출전하지 않는 이상 뭐가 더 필요하겠느냐마는 생업에 종사하는 태도가 이 따위면 곤란하다. TV를 보면서 작업하는, 스마트 폰의 광대 놀음에 빛의 속도로 반응하는 삼류스러움은 25년 경력에도 고작 운전 실력에 머물 뿐이다.

로마 시스티나 성당 천장의 천지창조와 건강을 맞바꾼 미켈란젤로처럼, 고수라 불리는 자들은 일관적으로 예술가 성향을 띤다. 수백만 분의 1로 규격이 어긋나거나, 표면적으로 완벽해도 성에 차지 않으면 재(再)제조하는 고집을 갖고 있다. 고생을 사서 하는 바보스러움으로 가득한 그들이지만 그런 정신에서 명장(名匠)이 탄생한다.

양(量)×100=질(質)

기죽거나 위기에 휘둘리지 말고
맑은 정신으로
냉철히 판단해야 합니다.

_법정 스님

발분망식(發憤忘食)은 "일을 이루고자 끼니조차 잊고 분발·노력한다"라는 성어다. 숙련도가 미약한 후발주자가 탁월함으로 약진하기 위해 가동하는 특단의 조치다. 능률은 시간에 비례함으로 단기간으로 봤을 때 분명 효과 있다. 문제는 24시간 노력했을 때 더 노력할 수 없고, 장기간의 방법도 아니라는 점이다. 여기서 '어떻게 하느냐'로 넘어간다.

진화론자 찰스 다윈은 199편의 논문을 썼고, 정신분석학자 프로이트는 650편의 논문을 발표했다. 추사 김정희는 벼루 열 개를 구멍 냈고, 닳아 없어지게 만든 붓은 천 자루가 넘는다. 화가 파블로 피카소는 평생 2만 장의 그림을 그렸고, 문학가 브론테 자매는 15개월 주기로 평균 80p에 달하는 책을 22권씩 썼다.

일가(一家)를 이룩한 자들은 타의 추종을 불허하는 작품을 쏟아냈다. 경험, 본능, 가르침 그 무엇이든 질(質)의 선결 조건이 양(量)임을 알았던 모양이다. 200%의 양을 생산해야 1%의 질이 나오고, 무수한 형편없음은 형편 있음의 선결 조건이다. 그 유명한 "고기도 먹어본 놈이 잘 먹는다"는 격언은 박수쳐주고 싶을 만큼 이치를 절묘하게 풀어놓았다.

그냥 하는 경지

얻기 위해서는
버려야 합니다.
버리면 얻습니다.

_김수환 추기경

욕교반졸(欲巧反拙) – 잘 만들려고 너무 기교를 부리다가 도리어 졸렬해짐
무념무상(無念無想) – 무아의 경지에 이르러 일체의 상념이 없음
물아일체(物我一體) – 외물과 자아, 객관과 주관 또는 물질계와 정신계가 하나 됨

버려야 할 마음은 잘하려는 욕심이다. 해묵은 경험이 증명해왔듯 실전에서는 100% 기량을 끌어낼 수가 없다. 여기에 잘하려는 욕심까지 덧대면 그야말로 욕교반졸(欲巧反拙)이다. "연습은 실전처럼 실전은 연습처럼"이라는 속설은 그저 허울 좋은 말이 아니다. 예컨대 수학자라면 식사 중에 툭! 건드렸을 때 답안을 산출할 수 있을 정도로 공식과 패턴을 몸에 익혀야 한다. 그렇지만 실전에서는 80%만 보여준다는 가벼움으로 임하는 게 좋다. 가슴 한켠에 '안 되면 말고'라는 문장이 자리하는 게 가장 이상적이다.

이렇게 잘하려는 욕심을 버리다 보면 '그냥 하는' 경지에 이른다. 시간을 거슬러 학창 시절에 유난히 특출났던 과목을 상기해보면 무념무상(無念無想)의 영속적 반복이었다. 그냥 했고 재미있게 했고 매일 했는데 타인의 인정이 뒤따랐다. 그것이 어린아이가 놀이터에서 노닐 때와 같은 무아(無我)의 경지다. 잡념과 욕심은 배제된 채 오직 순수함이 공기를 감싼다. 정신을 한 곳에 집중할 때, 광활한 우주에 자신과 사물만이 존재할 때 비로소 물아일체(物我一體)에 이른다. '그냥 한다'라는 말에는 돈으로 살 수 없는 지혜가 숨겨져 있다.

합법적 게으름 몰아내기

우리 한국 사람들에게
가장 필요한 것은
'정직'과 '성실'이라고 생각합니다.

_김수환 추기경

대학(大學)에 이런 경구가 있다. "뜻을 정성스럽게 한다는 것은 스스로를 속이지 않는 것을 의미한다. 나쁜 냄새를 싫어하듯 하고, 좋은 빛을 좋아하는 것과 같이하는 것이다. 이것을 스스로 만족하는 것이라고 말한다. 그러므로 군자는 반드시 홀로 있을 때를 삼간다"

필자는 이 글을 읽고 절로 고개가 끄덕여졌다. 한낱 고루한 제언에 격하게 공감하는 까닭은 예나 지금이나 인간은 스스로를 속인다는 방증일까? 돌이켜보면 뜻을 세운 적은 많았으나, 고지를 점령했던 적은 드물었다. 화살을 나에게 돌리자면 자신을 속이는 데 있었다. 숙제를 내일로 미루는 게으름, 갖은 술법으로 하는 척하는 기술, 이를 합리화하는 얄팍한 두뇌, 이러한 병폐가 나를 좀먹는 기생충이었다.

초지일관(初志一貫)이 자승자박(自繩自縛)에 굴복하는 까닭은 정신에 지배당한 결과다. 가해자는 피해자이며, 주인이자 노예인 상태에서 그릇된 명령과 합리화가 동시에 발생한다. 역설적으로 치료제도 본인에게 있다. 노예는 정신에 군림한 채 적극적 권태를 관장하는 주인을 몰아내야 한다. 이때 내부에서 발생하는 마찰, 파열음, 혼돈, 고통은 혁신의 전초전이다.

초지일관(初志一貫) – 처음에 세운 뜻을 이루려고 끝까지 밀고 나감
자승자박(自繩自縛) – 자기가 자기를 망치게 함

일류들의 일류

이 세상에서
가장 어렵고 긴 여행은
'머리'에서 '가슴'으로 가는 여행입
니다.

_김수환 추기경

우리는 늘상 기술(머리)과 진정성(가슴)을 이분법으로 구분지어왔다. 기술은 진정성의 한계를 말해왔고, 진정성은 기술이 닿지 못하는 곳을 그려내는 식이었다. 엄밀히 말하자면 둘은 순차적인데도 말이다. 영어는 알파벳을 익히고, 수학은 더하기를 배우듯 초심자는 1단계 과정에서 업(業)의 기초를 연마한다. 다음에는 2단계가 기다리고 있으며, 일련의 단련을 반복하다 보면 실력이 일정 궤도에 오른다. 쉽게 말해 수저를 자연스럽게 사용할 수 있은 후에야 진정성을 생각할 여지가 생긴다. 만약 힘에 부친 나머지 단련을 포기하면 급하게 진정성으로 회피하게 된다. 우수에 찬 눈빛으로 기술이 닿지 못하는 곳을 그려내는 부류가 빠지는 함정이다.

반대로 단련에 힘쓴 자는 진정성에 취약함을 보이기도 한다. 기술에 대한 천부적인 재능에 도취했거나, 진정성으로 가는 여행에 재능 없는 경우이다. 대부분이 이 선상에 머물기에 감탄이 감동으로 이어지지 않거나, 몸서리치는 진정성만 난무한다. 탁월함과 탁월함, 진정성과 진정성이 맞붙는 시대에는 몸체(기술)에 날개(진정성)를 연결한 자만이 그들 위에 군림할 수 있다. 우리는 그를 '격(格) 다르다'라고 칭송한다.

기복과 운명적인 동거

자기
내면적인 생각도
늘 변해요.

_법정 스님

초심자에게 일의 성과란 천국과 지옥이 양면에 새겨진 동전 던지기다. 시작 전 공중에서 힘차게 회전하는 동전은 이내 손바닥에 안착하여 그날을 조율한다. 어떤 날은 내가 아닌 듯한 천재성에 감탄하며, 어떤 날은 내가 아닌 듯한 졸렬함에 좌절하는 불규칙성은 미숙련자의 전형(典型)이다. "썩어도 준치"라는 속담은 최소 15년간 한 우물을 팠던 자에게 해당하는 경구(警句)라고 생각한다. 미숙련자는 말 그대로 설익은 탓에 기복이 심하다.

예컨대 난생처음 두 발로 걷는 아기는 직립보행이 궤도에 오르기까지 평균 2,000번 넘어진다고 한다. 미처 감지하지 못했겠지만 50걸음을 걷고 넘어질 때 울음과 다섯 걸음도 채 걷지 못하고 넘어질 때 쏟아진 울음은 상이하지 않았을까? 마찬가지로 우리는 업(業)이라는 길을 직립보행하려는 갓난아기에 불과하다.

그러나 며칠 전에 만들었던 저고리 8벌이 마음에 들지 않아 폐기처분 했다는 25년 경력 한복 연구가, 어떤 날은 지독하게 연기가 안 될 때가 있다는 30년 경력 연극인의 사례는 많은 시사점을 남긴다. 오직 인간에게만 따라붙는 기복, 그 뒤에 불완벽이라는 그림자, 그저 그렇게 살아갈 뿐이라는…….

탁월함의 일반화, 그 뒤에는?

저마다 자기 모습을
지녀야 돼요.
남을 닮으려 하지 마세요.

_법정 스님

2014년 서울중앙지법 통계에 파산으로 인한 일반회생 신청자 41.4%가 전문직 종사자였다. 구체적으로 치과 의사, 한의사, 약사가 25.4%였다. 즐비한 경쟁자 앞에 전문직의 존립도 위태로운 모양이다. 게다가 시대는 4차 산업혁명의 물결로 출렁이고 있다. 아마존은 무인편의점을 발명했고, 바둑계를 은퇴한 알파고의 차기 행선지는 신소재·신약 개발이며. 5~10년 내에 AI가 보험설계사를 대체한다는 전망이 나왔다.

인간이 인공지능을 능가할 확률은 0%다. 산업 규제를 사랑하는 국회 특성상 AI의 범용 시기를 예측하기는 어렵지만, 탁월함만으로 생존하기 어려운 시대가 도래했음은 분명하다. 일찍이 시대를 예견한 미래학자 다니엘 핑크는 미래인재 조건 중 하나를 '공감'이라고 했다. "쉽게 말해 다른 동료들의 마음을 상하게 하는 것이 무엇인지 이해하고, 유대를 강화하며, 다른 이를 배려하는 정신을 갖춰야 한다는 의미다."

실제로 환자에게 일일이 인사를 건네며 안부를 물었던 어느 간호사는, 해당 병원 마스코트로 자리매김했다. 요지는 매뉴얼을 넘어서는 자기만의 전략을 업(業)에 녹여 내라는 것이다. 그것이 기술이 정점을 찍은 시대에서 살아남기 위한 정도이다.

업(業)을 가진 인간은 프리랜서

평화는
내가 남에게
'밥'이 돼 줄 때 이뤄진다.

_김수환 추기경

현실에 입각하여 하기 싫은 일을 한다면 의식주는 보장되는 걸까? 공교롭게도 'want' 'not want' 어디에도 안정은 존재하지 않았다. 성과제, 정년, 구조조정, 수주절벽, 아웃소싱, 자동화 앞에 노동자의 존립은 위태롭다. 매달 지급받는 봉급에 기대어 개발을 등한시한다면 누란지위(累卵之危) 상태가 될 수도 있다. 때마침 정년과 수주절벽이 맞물려 퇴사한 아버지를 보면서 다시금 깨달았다. 우리는 대체 불가능한, 즉 밥 같은 존재가 돼야 한다. 거시적인 면에서 업(業)을 가진 인간은 프리랜서다.

카카오 뱅크 여파로 인터넷·모바일을 공부하는 은행원, 체력 관리를 위해 금연 후 헬스를 시작한 방송인, 20년간 언론에 몸담았던 기자가 글쓰기 저서를 출간하여 퍼스널 브랜드를 구축하는 모습, 현재에서 미래를 볼 줄 아는 자만이 가능한 행위다. 긴 인생을 놓고 봤을 때 오랫동안 현장에서 땀 흘릴 수 있다는 감사함은 존재를 살아있게끔 한다. 이런 감사함의 원동력은 부단한 개발과 차별화에 있다고 생각한다. 두뇌에 새로운 노선을 만든다는 게 힘에 부치는 일이기는 하지만, 평화는 언제나 혁신 후에 피어나는 까다로운 녀석이었다.

누란지위(累卵之危) – 알을 포개 놓은 것처럼 매우 위태로움

대가(大家)의 뒷면은 어린아이

우직한 게
필요합니다.

_김수환 추기경

대가(大家)라는 명칭은 그 분야 정점을 표현할 때 사용해 왔다. 나 역시 대가의 작품을 보고 있노라면 물결치는 경탄에 움직임이 조심스러워지고 호흡조차 살피게 된다. 때로는 아무리 노력해도 저 사람은 뛰어넘지 못할 것 같다며 손사래 치기도 한다. 무엇보다 그에게서 느껴지는 또 하나의 경외는 내면에 피어 있는 순수함이다.

대가(大家)는 스스로를 대가라고 칭하지 않는다. 무지와 호기심투성이의 어린아이일 뿐이다. 언젠가 세계적인 시인의 자서전에서 이런 글귀를 발견한 적 있었다. "40년간 시를 써왔지만 아직 시를 다 알지 못합니다." 이 문장만으로 그가 어떤 하루를 그려내고 있을지 생생하게 펼쳐졌다.

일을 하나 붙잡고 그것만 죽어라 파면서 "천재는 노력하는 자를 이길 수 없고, 노력하는 자는 즐기는 자를 이길 수 없다"는 말의 진의를 어렴풋하게나마 이해하게 된 걸까? 사실 출발점에 있는 모든 초심자는 어린아이였다. 단지 탁월함에 대한 욕심과 세속적 사심이 비대해져 속물로 전향했을 뿐이다. 먼 훗날 안달복달과 독기가 여유로 덮일 즈음에 자초지종(自初至終)을 설명한다면 그 아이는 다시 나를 받아들여줄까?

자초지종(自初至終) - 처음부터 끝까지 이르는 동안의 사실

뛰는 놈 위에 나는 놈을 만났을 때

마음에
중심이 없기 때문에
바깥의 현상들에
늘 흔들리는 겁니다.

_법정 스님

재능을 감지한 인간의 기분은 물 만난 물고기와 같다. 운명을 만난 듯한 두근거림과 타인의 인정이 뒤따르는 성과는 경험해본 자만이 누리는 희열이다. 하지만 세상은 넓고도 깊어서 천정부지로 치솟는 태산(泰山)을 비웃기라도 하듯 하늘이 군림하고 있었다. 그 유명한 뛰는 놈 위에 나는 놈이다. 그놈은 존재만으로 그간의 야망을 잠식시킨다. 가능성으로 충만한 자가 숨 가쁘게 뛰고 있을 때 비상하는 타자(他者)를 인식한다는 것은 비참한 일이다. 과거에도 비슷한 상황이 있었다.

공자와 노자가 예(禮)에 대한 문답을 나누고 헤어지려는 찰나 노자가 충고를 남겼다. "교만과 탐욕, 허세와 지나친 욕망을 버리도록 하시오. 이러한 것들은 모두 그대에게 아무런 도움이 되지 않을 것이오." 당대 최고 현인으로 꼽히며 여러 왕에게 고언(苦言) 했던 공자가 크게 한방 먹었다. 우스꽝스럽게도 제자들은 스승의 마음은 헤아리지 못하고 노자만 궁금해 했다. 공자가 말하기를 "용에 대해서 나는 아무것도 모른다. 내가 만난 노자는 마치 용과 같은 인물이었다." 공자는 자신이 한 수 아래였음을 시인했다. 그럼에도 멈추지 않았는데, 마음에 중심이 있었기 때문이다.

천정부지(天井不知) – 천장을 모를 정도로 치솟음

성과에 연연치 않는 경지

우리는 늘
'지금'을 살고 있을 뿐입니다.
지금 내가 내 삶을 어떻게 살고 있느냐
이것이 문제입니다.

_법정스님

"춥다 덥다 울지 않는다. 배고프다 목마르다 조르지 않는다. 못생겼다 가난하다 부끄러워하지 않는다. 난초를 꿈꾸지 않는다. 벌 나비를 바라지 않는다. 태어난 것을 후회하지 않는다. 사는 것을 버거워하지 않는다. 죽는 것을 두려워하지 않는다. 아무도 탓하지 않고 아무것도 바라지 않는다. 주어진 것으로만 억척으로 산다. 버려진 곳 태어난 곳에서 모질게 버틴다." 시인 김종태가 묘사한 잡초는 강단(剛斷)의 향기가 짙게 베여있다. 그저 살아갈 뿐이라는 투박함은 어떠한 고전보다 강한 울림이 있다.

현실에서 '그저 살아갈 뿐'이라는 자세, 그것은 크고 작은 성공에 연연치 않는 우직함이 아닐까? 어떤 이는 당장 1초 전도 과거라고 말한다. 성공에 연연치 않는다는 철학적 표현일 게다. 성공은 행위의 결과물이고 그 이전 단계에는 본업을 향한 집중력이 있었다. 누군가는 실낱같은 성공에도 무너지고 누군가는 장독 된장처럼 깊은 맛을 내는 까닭, 본질을 꿰뚫는 이는 자신이 있어야 할 지점이 어디인지 알고 있다. 초년 성공을 조심하라는 옛말이 있듯 우리는 늘 '지금'을 살고 있을 뿐이고, 지금 내 삶을 어떻게 살고 있느냐가 중요하다.

어려움이라는 옳은 선결 조건

어려운 일을
그대로
받아들일 수 있어야 돼요.

_법정 스님

촌철살인(寸鐵殺人) - 간단한 경구나 단어로 사람을 감동시킴

4년 차 예비군 당시 당직을 서고 있을 때였다. 시곗바늘이 10시 30분을 향할 즈음 한 병사가 지휘통제실에 출입하더니 간부에게 다가갔다.

"야독(夜讀)해도 되겠습니까?"

예비군에서조차 끈을 놓지 않는 젊은이가 예뻐 보였는지, 간부는 착석을 권유하며 대화를 이어갔다.

"무슨 공부를 하니?"

"공무원 준비를 하고 있습니다."

"할 만해?"

"워낙 공부량이 많고, 고난도라서 애먹고 있습니다"

"쉬우면 아무나 다 하지. 어려우니까 메리트가 있는 거야."

무릎을 탁! 칠만한 촌철살인(寸鐵殺人)이었다. 간부의 말처럼 고도화된 직업은 어려움이라는 선결 조건이 따른다. 해당 업무를 수행하기 위한 기술·지식을 쌓아야 하기 때문이다. 공무원을 예로 들기는 했지만 우리가 지망하는 대다수 직업은 저마다 진입장벽이 있다. 즉 인간은 어려움과 동거하는 고단한 숙명을 안고 있다. 만약 포도나무가 높아서 포도송이를 포기한 여우처럼, 장벽 앞에 도망가는 습관이 물들면 쉬운 길로 회피하게 되는데, 종국(終局)에는 남에게 쉬운 사람이 된다. 그런 점에서 어려움과 불편한 동거를 하는 모든 지망생에게 박수쳐주고 싶다.

할 수 있는 건 연습과 기도뿐

오늘 일은 오늘하고
내일은 내일 걱정하는 것이
필요한데…
그렇게 살기는 쉽지 않지요.

_김수환 추기경

추기경 말씀처럼 오늘 일은 오늘하고, 내일은 내일 걱정하면서 살기는 쉽지 않다. 자급자족(自給自足)의 숙명은 이해타산을 부추기기 때문이다. 욕심은 졸렬을 양산하고 욕속(欲速)은 부달(不達)의 근원이며 물이 깊지 않으면 큰 배를 띄울 수 없다 했건만, 20대가 도끼를 갈아 바늘을 만든다는 마부위침(磨斧爲針) 자세로 살 수 있었던가? 그들은 겉으론 여유로운 듯 멀리 보는 듯, 남과 비교하지 않는 듯하며 속으로 안달복달하는 두 얼굴의 존재다.

이 시기는 초보자의 10km 마라톤과 유사하다. 자기 페이스를 유지하면서 뛰더라도 경험이 전무한 까닭에 금세 숨이 차오르고 다리도 아프다. 때로는 걷기도 하고 때로는 멈춰서 숨을 고르기도 하고, 때로는 그만 뛰고 싶다는 충동에 사로잡히기도 한다. 그러나 포기하려는 마음을 다잡고 터질 것 같은 다리를 끌고 뛰는 이유는, 알고 있어서다. 결승점을 통과하면 소보루 빵과 0.5L 생수와 메달을 거머쥔다는 사실을 알고 있어서다. 알고 있기에 흔들리는 채로 위태롭게 뛴다. 이 시기를 통과하는 20대는 신기록을 달성한 1등이 아닌 바닥에 고꾸라진 몸을 질질 끌고 결승점을 통과하려는 아름다운 꼴등이다.

부모는 어떤 자식을 신뢰하는가

무엇이든지
빨리 단박에 이루려고
서두르지 마십시오.

_법정 스님

법정 스님이 염려하실 만큼 빨리 단박에 이루려는 속내는 무엇일까? 넉넉지 못한 집안 형편과 '나이'라는 등쌀이 존재를 짓누르는 경우가 많았다. 필자 주변에도 노부모(老父母)에게 지원받는 처지가 죄송스러워 경찰 공무원 시험을 관두려는 사람도 있었다. 나 역시 아름다운 상황은 아니다.

하지만 부모는 우리 염려보다 만 배는 강하시다. 자식을 위해서라면 폐지를 팔아서라도 뒷바라지하실 분들이다. 본질은 자식에게 희망이 보이느냐다. 결과는 하늘에 맡기되 여한이 없을 정도로 담금질해야 한다. 옛날에 어른들이 쉬운 게 없다고 했었는데, 이제야 그 뜻을 알 것 같다. 어떤 분야를 추구하더라도 지망생 명찰을 달고 있을 때는 악착같음이 저변(底邊)을 이뤄야 한다. 그 최소한을 갖춰야 생쌀이 밥이 됨을 아셨던 게다.

담금질도 처음에야 어렵지 노력을 반복하다 보면 습관으로 변하고, 습관은 일상으로 자리한다. 그 일상에 열정을 덧씌워 오래도록 유지하면 어떤 형태로든 보상이 따라온다. 진정한 도박꾼은 한 끗을 쥐고 있을 때 장땡을 쥔 마냥 전부를 배팅하고, 진정한 싸움꾼은 궁지에 몰렸을 때 승기를 잡은 마냥 뜨겁게 타오른다고 했다.

힘들다는 지점에 있는 것뿐

별빛은
까만 밤일수록
더욱 찬란해집니다.

_김수환 추기경

태초(太初)에 신은 지상낙원 에덴(Eden)을 돌보는 조건으로 아담과 이브에게 빛(풍요)을 약속했다. 다만 각종 나무의 실과는 임의로 먹되, 선악을 알게 하는 나무의 실과를 먹으면 죽으리니 먹지 말라 하셨다. 하지만 신의 간교한 창조물이라 불렸던 뱀이 이브를 유혹했다. "너희가 그것을 먹는 날에는 너희 눈이 밝아 하나님과 같이 되어 선악을 알 줄을 하나님이 아심이라"

뱀의 세 치 혀에 넘어간 이브는 아담과 선악과(善惡果)를 나눠 먹었다. 약속을 어겼음에 분노한 신은 이브에게 잉태의 고통을, 아담에게 자급자족(自給自足)의 수고를 짊어주었다.

찰나에 빛(풍요)을 상실한 아담은 어둠(황무지)을 개척하기 위해 스스로를 빛내야 했다. 결과만 놓고 보자면 까만 밤일수록 별빛은 찬란해지지만, 실상은 어둠을 뚫고 빛나기 위한 고군분투(孤軍奮鬪)의 연속이었다. 이러한 음양(陰陽)을 낱말로 표현하면 '피' '땀' '눈물'이고 체제에 빗대면 자본주의다. 표면적으로 반짝반짝 빛나는 즉, 일가(一家)를 이룬 사람은 그 기간을 넘어선 영역에 있다. 그 지점에서 시계추를 과거로 돌리면 그들 역시 스스로를 빛내기까지 느꼈던 감정과 해왔던 행위가 우리와 자못 유사했다.

기회가 선호하는 인간 유형

기회는
두 번 다시
오지 않는 것입니다.

_법정 스님

불성실하고 간절함이 결여됐다는 이유로 대형 기획사에서 방출된 연습생, 귀찮다는 이유로 프로필을 격상할 출장 기회를 박차는 패션 디자이너, 사는 게 외롭다는 독특한 이유로 출판사 집필의뢰를 거절한 작가, 지금 세대에게 나타나는 이상한 특징이다.

먼저 경제·기술·교육이 진보한 국가일수록 이른 나이에 두각을 나타내는 아이가 많이 탄생한다. 5개 국어에 능통한 5살 여아, 카이스트 교수에게 발명품을 설명하는 8살 남아는 문명의 산물이다. 그러나 풍요에는 역설적으로 결핍이 결여돼 있다. 냉장고에 가득한 반찬, 손만 벌리면 용돈을 쥐여 주시는 부모님, 장난감 갖고 놀 듯 마냥 좋아서 터득했던 능력의 맹점이라면 맹점이겠다.

그러니 기회와 마주한 인간의 자세란 모름지기 악착같음이어야 한다. 기회의 이면(裏面)에는 감정이 흐르는 사람이 있고, 사람은 단순히 실력을 떠나 목숨 걸고 덤비는 인물을 한 번 더 쳐다보게 돼 있다. 남들이 총기를 소유하고 있을 때 방망이 하나 들고 날뛰는 배짱도 아무나 갖고 있는 건 아니다. 기술이 정점을 찍었고 근성이 바닥을 찍었다고 평가받는 지금 세대는 그것이 또 하나의 능력으로 인정받을지도 모른다.

세 번째 생각

—

칠전팔도
七顚八倒

– 오늘은 비록 고달프지만

웃음이 만개해도 모자랄 나이에
짐짓 눈물이 많아졌다.

혹시

버티는 게 이기는 거라던 시기에
발 들였기 때문일까?

아는 자의 이유 있는 단단함

뜻이 청정하다고 생각하면
주변의 말에 흔들림 없이
신념을 가지고
정진하는 자세가 필요합니다.

_법정 스님

세상에 자신을 집어넣어 본 자라면 알고 있다. 타인이 아닌 내 목소리를 듣는 게 훨씬 중요한 과정임을 말이다. 학창시절부터 우리는 줄곧 크고 작은 선택을 해왔다. 그 순간 결정자는 언제나 내면의 목소리였다. 긴 인생을 놓고 봤을 때도 프로세스process(절차)는 크게 다르지 않다. 누가 내 인생을 대신 살아주는가? 어떤 선택에든 기회비용이 따르고, 모든 선택은 타인에게 시비(是非) 대상이다.

　어쩌면 동그란 지구에서 맨몸으로 자리 잡는다는 게 그런 건지도 모르겠다. '여기다!' 싶은 구역에 비집고 들어가서 알맞은 모양이 될 때까지는 깎아내는 과정이 필요하다. 그 수순대로 네모를 동그랗게 다듬으려고 가장자리를 쳐내면, 사람들은 그 지점에서 판단 잣대를 들이대곤 한다. 그런 패턴을 경험해본 자는 그들 잣대가 얼마나 빈약성을 띠고 있는지 알고 있다. 아는 자는, 알기 때문에 네모를 동그랗게 다듬는 작업에 집중할 수 있다. 마찬가지로 뜻이 청정하다면 주변의 말에 흔들림 없이 신념을 가지고 정진하라는 말씀. 단순히 용기를 불어넣으려는 파이팅이 아니었다고 생각한다. 되레 대중심리를 통찰하고서 건넨 금언(金言)이 아니었을까?

인생은 언제나 오르막길

오르막길은 어렵고 힘들지만
그 길은 정상이요.
내리막길은 쉽고 편하지만
짐승의 길이고 구렁으로
떨어지는 길입니다.

_법정 스님

서른 살에 운영하던 태권도 체육관을 문 닫아야 했던 남자가 있었다. 쉽사리 눈에 띄지 않는 위치와 서툴렀던 경영 능력이 원인이라면 원인이었다. 뭔가를 이뤄야 한다는 압박을 받는 서른에 쓰라림을 경험한다는 것은 남자에게 가혹한 일이었다.

　어찌 됐든 상황이 이렇다 보니 체육관을 정리하고 고향으로 내려가야 했다. 주변에서는 혼인도 했고 아이도 키워야 할 예정이니 안정적인 직장을 권유했던 모양이다. 하지만 이 남자는 다시 한 번 태권도에 배팅했다. 말단에서 다시 시작한 그가 맞닥뜨린 숙제는 신뢰였다. 오랜 기간 기존 사범과 호흡해왔던 학부모는 쉽사리 마음을 열지 않았다. 남자는 타개책으로 학부모 한 명 한 명에게 손 편지를 써서 마음을 전달했다. 어렵사리 꾸적인 손 편지에서 무언가를 느꼈는지 학부모는 조금씩 아주 조금씩 마음을 열기 시작했다. 결국, 탄탄한 실력과 마음을 여는 능력을 인정받은 남자는 체육관을 인수했다. 바로 그해에 찾아갔을 때 매달 300만 원을 벌었고, 5년 후에는 여러 시스템을 도입하여 억대 연봉을 벌어들이고 있었다. 사회에 급격한 성장이 일어났던 과거가 아닌 2017년, 지금으로부터 불과 몇 년 전에 이뤄낸 쾌거였다.

My Way를 가는 심리학적 이유

어떤 삶을 살 것인가는
전적으로 자신의 선택이며
그 선택의 결과는
자신의 책임으로 남게 됩니다.

_법정 스님

로또 번호를 직접 설계해도 당첨확률은 올라가지 않는다. 누가 주사위를 던졌든 간에 3이 나올 확률은 6분의 1이다. 그런데도 우리는 신중하게 로또 번호를 설계하고, 영혼을 다해 주사위를 던진다. 천상천하유아독존(天上天下唯我獨尊)인 자신은 남과 다르다(통제의 환상)는 착각 때문이다. 그럴 수만 있다면 영혼이라도 팔겠으나 주머니 사정은 어떤가?

하지만 통제할 수 있다는 환상도 현실에서는 이점으로 작용한다. 인류 문명의 발전은 '나는 다르다'는 괴짜들의 착각이 만든 결과물이었다. 이 글을 읽는 그대도 마찬가지다. 가슴속에 간직한 부푼 꿈 하나를 현실로 만들려는 이유, 지극히 자기중심적인 '자기만의 삶' 혹은 한껏 자존감을 드높인 '나는 다르다'는 고귀한 몸짓 아닌가?

때로는 반대자의 영문모를 보이콧(boycott)도 있었지만 그들 행위가 님의 가시는 걸음을 붙잡진 못했다. 인간은 본능적으로 아무것도 하지 않는 고통을 견디지 못한다. 비록 결과를 하늘에 맡기더라도 믿음을 갖고 도전하는 행동 편향이 짙게 베여있다. 그 유명한 "안 하고 후회하는 것보다 하고 후회하는 게 낫다"는 다소 거친 격언은 행동 편향을 전제로 한다.

천상천하유아독존(天上天下唯我獨尊) – 이 세상에 나보다 존귀한 사람은 없음

하나를 위해 네 개를 버리는 기회비용

세상에
공것은 없습니다.

_법정 스님

살다 보면 부귀영화를 물리고 깨달음을 찾아 출가한 싯다르타와 같은 인물을 종종 만난다. 신문 배달, 햄버거 제조, 피자 서빙으로 자금을 모아 유학을 준비하는 성악가, 본업에 집중하기 위해 불필요한 만남을 끊어버린 작가, 속세의 유흥을 멀리하고 연습에만 매진하는 발레리나, 까랑까랑한 소리를 위해 술·담배를 일절 금하는 소리꾼, 크게 얻으려면 크게 버리라는 격언에 적합한 인생이다.

그들은 본능적으로 알고 있었던 걸까? 다 가질 수 없음을, 하나를 얻으려면 네 개를 버려야 하는 기회비용을 말이다. 실존주의 철학으로 유명한 장 폴 사르트르도 "인생은 B(birth)와 D(death) 사이의 C(choice)라고 했다. 다만 하나를 얻기 위해 네 개를 버리는 선택의 인과관계에 유념해야 한다. 강제성을 띠거나 인위적이어서는 안 되고 내면에서 자연스레 행해져야 한다.

일이 적성에 맞으면 재미가 붙고 성과가 따라오기 마련이다. 그 지점에서 피어나는 선한 욕심이 크게 성장하기 위해 크게 버리는 행위를 이끌어낸다. 남들 눈에 재미없어 보이거나 말거나 자기 눈에는 적중의 시스템인 인생, 그것이 주도적으로 인생을 살아가는 방법이다.

넘어진 적 없었던 엘리트의 몰락

아픔도, 시련도, 수고도, 슬픔도
그 어떤 어려움도 없다면
그런 인생은 참으로
어떤 인생이겠습니까?

_김수환 추기경

"1등만 했던 사람들은 넘어지면 일어날 줄을 몰라. 아무도 넘어졌을 때 일어서는 법을 가르쳐 주지 않았거든."

서울 사립고에서 줄곧 1등만 해왔고, 대학 4년 내내 장학금을 받았던 수재(A)가 있었다. 졸업도 전에 대기업 계열 증권사에 채용되었고, 최연소 과장, 최연소 인센티브 1억 달성, 최연소 실적 1위, 최연소 고객 예탁금 1위를 기록하며 승승장구했다. 한 사업가를 만나기 전까지는 말이다.

사업가는 A에게 1억의 증권 계좌를 맡겼다. A는 한때 수익을 7억까지 늘렸으나 주가 하락으로 인해 최종 계좌 액은 4억이었다. 사업가는 증권사를 상대로 소송을 걸었다. 3억을 더 받아야겠다는 요지였다. 임원 승진 예정이었던 A는 회사에 누를 끼치지 않으려고 아파트를 팔아 소송을 해결했다. 문제는 그다음이었다. 소문을 들은 타 고객이 사업가와 같은 방식으로 줄줄이 소송을 걸었다. A는 증권사에서 쫓겨났다.

돌이 채 안 된 아기를 여관에서 재울 수 없었던 A는 지인(B)에게 보증을 부탁했다. 그런데 보증일로부터 5년 후 B의 집에 가택압류예정 통지서가 날아왔다. A가 전세 대출금을 미납했으니 보증인의 자산을 압류하겠다는 통지였다. A는 전화를 받지 않았다.

상처 많은 번데기는 왜 비싼가

젊은이들에게 한때의 어려움은
삶에 있어 무엇이 옳고 그른지
판단할 수 있는
교훈이 될 것이라는 생각입니다.

_김수환 추기경

뭔가를 시도하기 전까지 늘상 어느 영화와 같은 일이 이뤄지리라는 상상에 도취했다. 어쩌면 방관자의 삶을 살았기에 피터 팬 세계관에 고립됐을지도 모른다. 인풋(Input)으로 가득 찬 유아가 대개 그렇지 않은가?

우스꽝스럽게도 스스로를 범인(凡人)으로 자각하기까지 오랜 시간이 걸리지 않았다. 아웃풋(output) 과정에서 맞닥뜨린 장벽은 가히 아득했다. 꼭대기에 일류가 있었고, 하층부에 삼류가 있었으며 심연(深淵)에 내가 있었다. 다행히 "매도 먼저 맞는 게 낫다"는 격언처럼 젊은 날 쓰라림을 경험했기에 일상에서 고도화가 일어났다. 늦게나마 영어책을 펼치고, 미술 시간에나 사용하던 종이 신문을 구독했으니 말이다. 생각해보면 배트를 휘두르는 과정에서 맞닥뜨린 어려움이 그릇을 보다 깊게 파냈던 모양이다.

그래서 젊은 날의 비망록이 상처로 점철된 사람은 남다르다. 순수함이 만개하는 시기에 새겨진 훈장은 구만리(九萬里) 인생길을 지휘하는 방향타이다. 새하얀 도화지와 이름 있는 판화의 값어치가 상이이듯, 세상은 온실 속 화초보다 상처 많은 번데기를 비싸게 쳐준다. 깊게 파인 상처 틈 사이로 보이는 미약한 날개 때문이다.

성숙성이 인생에 미치는 영향

아무 경험 없는 사람보다
산전수전 다 겪은 사람에게서
인간의 성숙성이
더 크게 나타납니다.

_김수환 추기경

그렇다면 산전수전 공중전이 안겨준 성숙성이 삶에 어떻게 작용하는 걸까? 인간사 희로애락(喜怒哀樂)이라는 말에서 유추할 수 있다. 인생이란 기쁨과 노여움, 슬픔과 즐거움의 영속적 반복이다. 그 말인즉 성숙성이란 계절처럼 찾아오는 슬픔과 노여움을 견디는 힘이다.

한 번은 필자가 1년 넘게 진행했던 프로젝트가 목전에서 무산될 뻔한 적 있었다. 그 노여움을 인생 선배에게 털어놓았을 때 "그 정도는 아무것도 아니다"는 묵직한 답변이 돌아왔다. 행간을 유추하자면 살다 보면 그보다 만만치 않은 일이 많다는 의미가 아닐까?

하기사 나 역시 프로젝트가 무산될 위기에 충격을 받긴 했지만, 한편으로 담담한 마음도 있었다. 아니 고난에 내성이 생겼다는 게 정확한 표현이다. 그리 오랜 인생을 살지 않았고, 경력이 길지 않았음에도 시장에 기술을 관철하는 과정은 고난투성이였다. 내 나이 스물하고 셋이었던가? 당시에는 몰랐지만 바늘구멍을 통과하는 과정에서 차츰차츰 성숙이 쌓였던 모양이다. 도전에는 시련이 덕지덕지 달라붙어서 매도 먼저 맞는 게 낫고, 자꾸 두들겨 맞다 보면 굳은살도 생긴다. 그렇게 돈 주고도 못 살 경험을 하면서 성장하는 것이다.

희망을 걸되 현실적으로

영원히 지속되는 고통이라면
누가 감당할 엄두를 내겠습니까.
언젠간 사라질 것이니까
극복해야겠다는 의지도 생깁니다.

_법정 스님

범인(凡人)보다 생각 온도가 높았던 성인(聖人)은 문자화된 신을 만들어냈다. '희망'의 탄생이었다. 한낱 인간이 세간의 물리적 자연적 재앙을 극복할 수 있었던 원동력은 희망이라는 신 덕분이었다. 반면에 인간사에는 다른 류의 신도 존재한다. '절망'이다. 그는 모든 예외적 상황을 창조한다. 실제로 10년간 한 우물을 팠음에도 일이 풀리지 않는 경우를 보았고, 일찍 흙으로 돌아가는 안타까운 사례도 있었다. 한 치 앞도 가늠할 수 없음을 전제로 한다면 현실적 희망론자가 되는 객관성이 필요하다.

  그 예로 월남전 당시 비행기 추락으로 포로수용소에 갇혔던 자들이 있었다. 생존자 제임스 스톡데일에 따르면 생존자는 해방은 믿었으되 감히 시기를 예측하지 않았던 현실적 희망론자였고, 사망자는 임의로 해방 시기를 예측했던 무분별한 낙관론자였다. 그들은 시기를 예측할 정도로 희망에 사활을 걸었던 나머지 거듭되는 절망에 잠식당하고 말았다. 인간이 시기를 예측할 정도의 혜안을 가졌다면 희망은 탄생하지 않았을 텐데 말이다. 법정 스님 말씀처럼 고통은 언젠가 사라지겠지만 '언젠가'를 섣불리 예단해서는 안 된다. 사람은 객관성 위에 희망을 얹을 때 이상을 현실로 만들 수 있다.

인생은 알파벳 O를 쓰다 얼굴을 그리는 것

모든 일이 뜻대로 되지 않는다고 해서
속상해하지 마세요.
그 나름의 의미가 있습니다.

_법정스님

중국 국경 지방에 저명한 경마(競馬)선수가 있었다. 매 경기 상위권을 유지했던 그는 시합을 며칠 앞두고 감각을 익히고자 평소처럼 말에 올랐다. 그런데 오랜 기간 호흡을 맞춰 왔던 말이 무슨 영문인지 천방지축으로 날뛰기 시작했고, 주인은 낙마하여 절름발이가 되었다. "이것이 복이 될지도 모른다." 아버지의 말씀이었다.

그로부터 일 년 후, 국가가 전란(戰亂)에 휩싸였을 때 마을에 살던 모든 젊은이가 전쟁터에서 전사하고 말았다. 전쟁터에 나가지 못한 절름발이를 제외하고서…….

이렇듯 살다 보면 누군가 삶을 저울질한다는 느낌을 강하게 받을 때가 있다. 내세울 게 없다는 이유로 번번이 면접에서 탈락했던 젊은이가 아예 기업을 차리거나, 일자리를 잃은 한문학자가 T-셔츠와 도장에 캘라그라피를 접목하여 대박을 터뜨리는 결과는 지긋이 하늘을 바라보게 만든다. 알파벳 O를 쓰다 얼굴을 그리게 되는, 의도치 않은 편집이 전혀 다른 방향으로 물꼬를 틔우는 현상을 뭐라 설명할 수 있을까? 인생은 결과를 놓고 단순히 성공과 실패라는 이분법적 잣대로 재단할 수 있는 게 아닌 모양이다. 어쩌면 포기를 모른다고 불렸던 이들은 이치를 알았던 게 아닐까?

희비(喜悲)를 흘려버리는 법

오르막이 있으면
내리막이 있고
맑은 날이 있으면
흐린 날도 있습니다.

_법정 스님

우리 어머니는 사뭇 남다른 분이셨다. 필자가 태만하게 굴면 약한 정신력을 타박하셨고, 성과에도 별다른 반응을 보이지 않으셨으며, 울음을 쏟으면 달래주시면서도 "눈물이 그렇게 많아서 어찌 살아가려고 그러냐?"라며 걱정하셨다. 그런 교육이 어린 영혼을 무감정으로 인도하지는 않았으나, 희비(喜悲)가 닥치면 감정을 끌어안은 채 전진하는 성향으로 변모해갔다.

돌이켜보면 어머니 역시 자식에게 이 말 저 말 옮기지 않으셨다. 한때는 정말 힘들지 않으셔서 그러시는 줄 알았다. 아니었다. 희비 자체가 인생임을 아셨던 게다. 세상이라는 전쟁터에서 잔뼈가 굵은 장수는 어떤 현상 앞에서도 경거망동(輕擧妄動)하지 않는 법이다. 비슷한 맥락으로 법정 스님도 "삶 그 자체가 되면 행복과 불행을 피할 수 있다"라고 설파했는데, 참으로 적확(的確)한 표현이다.

마치 명필가(名筆家)가 붓을 가리지 않듯 고수는 재난과 축복을 가리지 않는다. 흐르는 물결에 몸을 맡기듯 함께 노닐다 보면 어느새 현상은 뒤로 빠져나가고 있다. 육신을 스치는 바람처럼 모든 것은 한때다. '넓고 길게 보라'는 말은 참으로 오묘한 이치를 담고 있다.

경거망동(輕擧妄動) - 가볍고 망령 된 행동

안 되면 말고, 그러나 될 때까지

많이 가진 사람이건,
적게 가진 사람이건,
누구나 다
불확실한 미래 때문에 고민을 합니다.

_김수환 추기경

만나기 싫은 친척마냥 한 번씩 찾아오는 고민은 '안 되면 어쩌지?'다. 몸부림에 집중해야 할 존재가 몸부림친 후를 염려하는 인과관계 오류라고나 할까? 사람은 상상력이 있어서 비겁해진다는 영화 대사처럼, 일말의 망설임이 잠재력을 잠식한다는 사실에 비추어 볼 때 아주 위험한 생각 패턴이다.

사실 인간이 행하는 도전이란 정답을 내놓고 배팅하는 억지 도박이다. 자기충족적 예언처럼 당장 실패한다고 행위를 중단하지 않는다. 훌훌 털고 일어서서 마디를 연결하고 성공할 때까지 연결을 시도한다. 일가(一家)를 이룬 자의 입에서 한결같이 흐르는 '여기까지 그냥 온 게 아니다'는 말의 진의가 무엇이겠는가?

일찍이 노자는 "마음이 비어있는 것과 지극한 데에 이르러 편안함을 한결같이 유지하면 만 가지 일이 모두 다 이루어지고, 우리는 그 일이 번창하는 것을 보게 된다"고 했다. 투박하게 풀이하면 '안 되면 그만이다' 아니겠는가? 그 예로 연애 중수가 소개팅 비법을 설파한 적 있었다. 10명이고 100명이고 될 때까지 하다 보면 성공한다는 논리였다. 공자는 "하나의 이치로 모든 것을 꿰뚫고 있다"고 했으니 소개팅 마인드로 살아간다면 더 많은 행운이 찾아오리라고 본다.

인과관계(因果關係) – 사물의 생성에는 변화에는 반드시 원인과 결과가 있음

판도가 뒤바뀌는 순간

부수적인 것과
본질적인 것을
분별할 수 있어야 됩니다.

_법정 스님

친구 녀석이 보수가 적다는 이유로 6년간 공들였던 요리 탑을 무너뜨렸다. 그러고는 시중에 유명한 고임금 업종에 뛰어들었다. 임금 앞자리 숫자가 바뀌자 교통수단이 버스에서 차(車)로 급변했고, 씀씀이도 제법 커졌다. 문제는 그다음이었다. 근속 기간이 10년이 채 안 된다는 사실에 불안해했다.

'부수'와 '본질'을 구분하지 못한 실수였다. 임금의 다른 말은 수요이고 수요의 뿌리는 기술력이다. 기술은 최소 몇 년을 갈고 닦아야 하는가? 앤드루 로빈슨 저작 '천재의 탄생'에 실마리가 있다. "비범한 창조성에서 관찰되는 모든 패턴 중에서 아마도 가장 흥미로운 것은 이른바 '도약의 10년 법칙'일 것이다. 1989년 존 헤이슨이 처음 밝혀냈고 다른 여러 심리학자들이 인정한 이 법칙에 따르면 누구든 도약을 이루기 전에 약 10년 동안 관련 기술이나 학문을 부단히 배우고 연습해야만 했다. 그리고 분명한 점은 이보다 짧은 시간에 도약을 이룬 경우는 거의 없었다는 사실이다."

만약 생활고에 시달릴 정도라면 본업을 잡고 있겠다는 전제하에 부업을 권유하고 싶다. 10년 15년 아니 그 이상이 걸릴지도 모르지만 시장에 기술을 크게 관철하는 순간 판도는 뒤바뀐다.

무엇에 쫓겨 살지 않기를

무엇에 쫓겨서
살아서는 안 됩니다.

_법정 스님

장인의 나라 일본은 오타쿠(otaku) 정신이 만개하는 곳이다. 나이와 트렌드를 막론하고 한 분야에 몰입하는 연구형 스타일은 장인(匠人)의 등용문으로 통한다. 샐러리맨 출신으로 노벨 화학상을 받은 다나카 고이치도 그런 인물이었다. 연구에 방해된다는 이유로 삭발을 감행하고, 승진도 불사하는 독특함은 한국에 많은 시사점을 남긴다. 하지만 이러한 교훈도 한국으로 넘어오면 '내가 하면 불륜 남이 하면 로맨스'로 번역되곤 한다.

언젠가 어머니께서 안방으로 부르시더니 착석을 권유하셨다. 심도 있는 대화를 하겠다는 암시였다.

"글로는 먹고살기 힘드니 전업(轉業)을 고려해보는 게 어떻겠냐?"

글쟁이로서 행로를 말씀드린 지 열흘 만에 돌아온 답변이었다. 완강하게 거부 의사를 표시하자 '시간 낭비'라는 단어를 사용하시며 폐부를 찌르셨다. 그 말을 듣고 며칠 동안 멘탈이 흔들렸지만 연필을 쥐고 있는 채였다. 자기 브랜드를 구축하는 과정이라는 게 그렇다. 밤잠 설쳐가며 망치질을 해도 표면에 드러나지 않으면 외부에서는 정지 상태로 보인다. 그러다가 표면에 브랜드가 드러나는 순간 고개를 끄덕이게 돼 있다. 당연한 수순이니 괘념치 말고 정진하기를 바란다.

자주적 시간을 만드는 2가지 재료

물리적인 시간은 타의적이에요.
심리적인 시간은 자주적입니다.

_법정 스님

심리적인 시간이 자주적이려면 첫째. 인정받는 경험이 응축돼야 한다. 잠재적 소비자에게 얼마나 어필할 수 있느냐, 구체적으로 본업의 상층부에 있는 사람에게 인정받을 수 있느냐가 중요하다. 여기서 말하는 인정이란 집까지 찾아와서 계약서를 들이미는 거창한 의미가 아니다.

배움을 사사(師事)받는 자라면 스승의 평가가 있고, 독학으로 일관하는 자라면 시장의 평가가 있다. 핵심은 그들에게 긍정적인 피드백을 받을 수 있느냐다. 일을 하는 데 있어 중요한 가치는 즐거움과 돈이다. 시장에 기술을 관철하는 즐거움은 돈으로 환산되고, 돈은 그 일을 지속 가능하게 해준다. 모든 분야는 이 순환과정을 안고 있고, 그 초기 단계가 동일 업종 종사자의 인정이다.

둘째. 견문(見聞)이 넓어야 한다. 어떤 이력을 쌓아야 시장 진입에 수월한지, 어떤 루트를 뚫어야 경력을 확장할 수 있는지 판단할 수 있는가? 세상 물정에 대한 통찰이 있다면 물리적·심리적 시간은 자주적으로 둔갑한다. 경험으로 미루어보다 인정받는 경험보다 견문(見聞)의 넓음이 만 배는 더 중요하다. 인간이란 결국 상품이고 소비자에게 노출한 뒤에야 상품의 질도 어필할 수 있다.

열등감, 탁월하고픈 미숙아의 성찰

자기 스스로 아무것도 아닌 것처럼,
어떤 때는 열등의식에
빠질 수도 있습니다.

_김수환 추기경

도원결의(桃園結義) – 유비, 관우, 장비가 도원에서 의형제를 맺음
삼고초려(三顧草廬) – 유비가 제갈량의 초옥을 세 번 찾아가 간청하여 제갈량을 군사로 맞은 일

열등감이란 아는 자, 보았던 자, 꿈꾸는 형상을 현실로 만들려는 자가 느끼는 감정이다. 필연적으로 위를 지향하는 탓에 지금까지 노력·성과는 무시하고, 윗선과 비교하며 상처 내는 비이성적 심리다. 그 과정에서 때로는 놓아버리고 싶을 때도 있었겠지만 그럴 수 없다는 걸 본인이 잘 알지 않는가? 여기 이 남자도 마찬가지였다.

후한 말 조조에게 박살 난 유비가 부하를 거느리고 형주자사 유표에게 의탁했다. 도원결의(桃園結義)의 날부터 평안과 결별했던 유비는 등 따시고 배부름에 취해 한량으로 전락했다. 그러다가 자신을 발견하고는 목 놓아 울었다.

"저는 전쟁터를 누비느라 넓적다리가 바싹 야위었습니다. 하지만 지금은 하는 일 없이 한가로이 지내다 보니 넓적다리에 다시 살이 쪘군요. 세월은 매우 빠르게 지나가고 몸은 늙어 가는데, 이루어 놓은 것이라고는 아무것도 없으므로 슬퍼서 우는 것입니다"

다 버리고 방탕하게 살고 싶었으나 높아진 식견에 끌려가 버린 존재의 곡(哭)이었다. 스무 살 어린 제갈량에게 삼고초려(三顧草廬)하며 머리를 숙인 까닭도 운명의 인도가 아니었을까? 그의 모습이 말해주듯 열등감은 앎이 양성하는 감정이며, 그럼에도 가야 할 길을 정해져 있다.

인간의 길, 짐승의 길

내가
나를 만듭니다.

_법정 스님

한 남자가 있었다. 록밴드 보컬로 데뷔한 그는 한 장의 앨범을 끝으로 팀을 떠났다. 행사 비용 60%를 4등분 하는 수익으로 생활이 안 된다는 이유였다. 다행히 솔로 1집이 범국민적 인기를 얻었으나 판매량에 상응하는 금액을 받지 못했다고 한다. 설상가상으로 한국에서 Rock은 사양 음악으로 퇴보하고 있었다. 잇따른 악재가 심신을 짓누르자 남자는 끈을 놓아버렸다. PC방에서 게임을 일삼고, 술 마시며 TV를 보다가 해 뜨면 눈감는 생활을 8년간 지속했다. 결국, 목은 망가질 대로 망가졌고 음악을 뚫고 나가던 힘 있는 소리는 과거형으로 퇴색하고 말았다.

한 여자가 있었다. 2인조로 데뷔한 그녀는 6년 동안 빛을 보지 못하고 수면 아래로 가라앉았다. 그러나 실력이 워낙 출중했기에 가이드 보컬, 보컬 트레이너로 활동하며 의지를 관철하려 했다. 때마침 두 번째 기회가 찾아왔으나 춤이라는 난제가 닥쳤다. 일평생 노래만 했던 그녀는 어색하지 않을 수준으로 춤을 끌어올려야 했다. 본인이 말하기를 팀과 하루 12시간 가무(歌舞)를 연습했다고 한다. 3년간 팀이 빛을 발하지 못하여 해체수순을 밟을 때도 노력으로 일관한 그녀와 팀은 결국, 유명 그룹으로 발돋움했다.

설상가상(雪上加霜) - 어려운 일이 겹침

집요함, 미래가 보이는 자의 당연함

절망적인 상황 속에서도
보다 나은 앞날을 기대하면서
돌파구를 찾기 위해
노력하는 것이 인간입니다.

_김수환 추기경

한 분야를 장기간 소비해온 인간은 잠재적 생산자이며, 어느 정도 물이 차오르면 생산자로 전환을 꾀한다. 다량의 작품을 세상으로 끄집어내면서 제작자의 발걸음을 붙잡는 것이다. 나 역시 이 노선으로 연필을 잡았고, 거의 모든 직업인이 이 과정을 거쳤다고 해도 과언이 아니다. 또한 그때부터는 평가라는 도마 위에 생선이 된다. 작품을 평가하고, 주관적 잣대를 들이대고, 이래저래 달갑지 않은 조언을 일삼는, 스스로 도마 위에 올라왔으니 알아서 살아남으라는 서슬 퍼런 칼날에 맞서야 한다.

사실 잣대는 스타일에 좌우하는 경우가 많다. A 제작사가 거부하는 스타일이 B 제작사는 두 손 들고 환영하기도 한다. 실력도 실력 나름이지만 대개 합이 맞아야 제작으로 이어진다. 따라서 제작사에 맞춰서 편집을 시도하거나, 본연의 스타일과 맞물리는 제작사를 찾는 유연함이 필요하다. 어느 분야를 가더라도 존재하는 'A 제작사가 퇴짜 놓았던 작품이 B 제작사를 만나 대박을 터뜨렸다'는 식의 에피소드는 그 방증(傍證)이다. 당장은 쉽지 않더라도 이런 방식으로 노닐다 보면 본연의 스타일을 드러내는 법과 관철하는 법을 터득할 수 있다. 집요함도 방법을 알고 난 후에야 나타나는 성향이다.

안 풀릴 때 방울 물을 모으는 단단함

방울 물이
모여서
댐을 이룹니다.

_법정 스님

물방울이 바위를 뚫는다는 수적천석(水滴穿石), 열 번 찍어 아니 넘어가는 나무 없다는 십벌지목(十伐之木), 작은 것도 쌓이면 크게 된다는 적소성대(積小成大), 티끌 모아 태산이라는 적진성산(積塵成山)은 댐(dam)이 본디 방울 물이었음을 설파한다. 같은 맥락의 성어가 많다 함은 뜻이 참으로 절묘하고, 인간사에 널리 회자된다는 방증이다. 고백건대 필자도 이 격언을 꾸준히 실천했고, 출간에 적지 않은 영향을 끼쳤다. 실은 일이 잘 풀릴 때 이야기지만 말이다.

상승기류를 타고 있을 때는 누구나 '될 놈'인 것만 같아서 방울 물을 모으기가 신명 난다. 반면에 하강기류를 타고 있을 때는 '안 될 놈'인 것만 같아 방울 물을 모으는 데 회의적이다. 여기서 그릇의 심도(深度)가 판가름 난다. 요지는 영혼이 일그러졌을 때조차 방울 물을 모으는 단단함이 있느냐다. 바닥에 곤두박질쳤을 때 튀어 오를 수 있는 근성도 아무나 갖고 있는 건 아니다. 일이라는 게 앞선 자가 뒤서기도 하고, 뒤선 자가 앞서기도 하는 법이라 길고 또 길게 보는 지혜가 필요하다. 지금 당장은 희비가 엇갈릴지 모르나, 인생사 새옹지마(塞翁之馬)라고 했다.

새옹지마(塞翁之馬) – 세상만사는 변화가 많아 어느 것이 화가 되고, 어느 것이 복이 될지 예측하기 어려움

0.001% 철학

정진이란 무엇이냐?
때와 장소를 가리지 않고
한결같이 꾸준히 나아가는 것을
정진이라고 해요.

_법정 스님

방울 물을 연장선에 놓고 얘기하자면 꾸준함도 그것을 지탱할 철학이 필요하다. 긴 인생을 생각했을 때 스케일은 방울 물정도면 충분하다. 언젠가 MBC 예능에 영화감독 장항준·드라마 작가 김은희 부부가 출연한 적 있었다. 분위기를 편하게 만드는 과정에서 잡다한 농담을 늘어놓다가 본디 선배였던 장항준은 후배 김은희를 이렇게 평했다.

"진짜 옛날엔 대본을 너무 못 썼어요. 맨날 저한테 혼나고 그랬는데, 얘(김은희)는 어떤 장점이 있냐면 어제보다 오늘 0.001% 나은 사람이 돼요 항상. 근데 그게 세월이 축적되니까 점점 잘 쓰게 되고, 어느 순간에 제가 어떤 작품을 하다가 야 은희야. 이제 고칠 게 없다. 그때부터 막 순풍에 돛을 단 듯이 막 하는데……."

참, 인생이란 당연함에 꾸준함을 더하는 사람이 이기노라 다시금 깨닫는다. 숱한 동기부여 서적에 김은희 작가 사례와 비슷한 성격의 글이 많다. 그것도 열 권 백 권 읽다 보면 '누가 모르냐?'며 무시했던 지난날, 그러나 행동이 결여돼 있던 나였다. 김은희 작가는 앎을 일상에 녹여낼 줄 아는 사람이었고, 0.001% 철학은 그녀를 1% 드라마 작가로 만드는 데 일조했다.

고독의 비희(悲喜)에 대하여

사람은
가끔은
고독해야 해요.

_법정 스님

깊은 산속에 은둔하여 참선으로 불법을 잇는 이판승(理判僧)처럼, 일생에 한 번은 두문불출(杜門不出)하는 시기가 있다. '선택'을 하면 그림자처럼 따라붙는 '집중'은 불필요한 잔가지를 서슴없이 쳐낸다. 그때부터는 오 년이건 십 년이건 바닥에 흘러넘칠 때까지 장독에 물을 부어야 한다. "지식이 지력이 되고 그것이 신념이 되려면 최소 20여 년의 세월이 필요하다"는 미국 40대 대통령 레이건의 말도 같은 맥락이라고 본다.

그렇게 붓다 보면 부으면서 살다 보면 제3 인간이 탄생한다. 실력이 고공행진 할수록 외로움이 커지고, 외로움을 상쇄하기 위해 다시 일에 매진하는 것이다. 결국, 아무도 이해하지 않는 상황에서도 어깨를 토닥여야 하는 사람은 나이고, 저기 저 구석탱이에 고꾸라진 자신을 끌어안아야 하는 사람도 나이고, 살짝 데워진 눈물이 주르륵 흐를 때 닦아주어야 하는 사람도 나이다. 그럼에도 밥에 뜸이 질 때까지 고독과 벗 삼는 편이 낫고 생각한다. 손에 쥔 패가 많아야 조합할 패턴이 다양해지고, 더 높은 지점으로 도약할 확률도 높아진다. 궁극적으로 전문성을 인정받으면 단순 유흥보다 훨씬 우아한 즐거움이 찾아온다.

두문불출(杜門不出) – 집 안에만 들어앉아 있고 나다니지 아니함

꽃은 하루아침에 피는 게 아니다_재해석

꽃은
하루아침에 피는 게
아닙니다.

_법정 스님

정심공부(正心工夫) - 마음을 가다듬어 배워 익히는 데 힘씀
원목경침(圓木警枕) - 밤잠을 자지 않고 학문에 힘씀

하수가 정의하는 피어남이란 문자 그대로 노출이다. 그에게 기량의 높낮이 따위 중요하지 않다. 어떻게든 명함을 달고 세상으로 나가서 여봐란듯이 '나 이런 사람이오!' 하고픈 게 하수의 염원이다. 덧붙여서 피어남이 얽히고설킨 인생 실타래를 풀어 줄 마법이리라 단정 짓곤 한다. 일종의 보상 심리와 지구를 자기중심으로 해석하는 유아 세계관의 방증이다.

반면에 고수가 정의하는 피어남이란 지속성이다. 두세 걸음 앞을 볼 줄 아는 그는 꿈이라는 놈이 찰나의 환상임을 알고 있다. 다음은 환상의 일상화를 위한 고군분투가 있을 뿐이다. "1년 무명은 1년 동안 반짝이고 15년 무명은 15년 동안 반짝인다"는 속설은 이 같은 현실의 아포리즘식 표현이다. 서술하자면 무명(無名)에서 유명(有名)으로 승격하기 위한 단련이 단단한 뿌리를 만들기 위한 과정이었다.

이 지점까지 보는 자는 당장 일이 풀리지 않는다고 초조해하지 않고, 당장 일이 풀린다고 경거망동하지 않는다. 노출이 없는 전자의 경우 더욱더 정심공부(正心工夫)하고, 노출이 많은 후자의 경우 더욱더 원목경침(圓木警枕)할 뿐이다. 이런 차이를 배우면 피어남을 어떻게 정의해야 하는지 알 수 있다.

30초 만에 완성한 1만 달러 그림

언제나 두 가지의 가능성이 있습니다.
자포자기가 그 하나이고,
다른 하나는 그것을 오히려
값진 도전으로 받아들여
적극적으로 대처하는 것입니다.

_김수환 추기경

냉장고에 반찬이 다 떨어진 까닭에 싱크대에 있는 라면 봉지를 뜯었다. 그다음 구석탱이에 박혀 있던 라면 전용 냄비를 헹궈 물을 붓고, 화력을 최대치로 끌어올렸다. 그러고는 안방으로 들어가서 멍하니 TV를 쳐다봤다. 얼마나 지났을까? 물 끓는 소리가 귓가를 자극할 때면 주방으로 부리나케 달려가는 나를 발견한다.

우스꽝스러운 비유이기는 하나 우리네 인생은 끓는 물과 닮았다. 줄곧 외면당하다가 온도가 100을 찍고서야 세간의 주목을 받는 고단수(水)라고나 할까? 최대 화력으로 끌어 올린 작품이 시장에서 외면 받으면 누구라도 휘청거리기 마련이다. 설익었다는 시장 평가는 이제 막 냄비에 물을 붓고 화력을 최대치로 끌어올린 수준이라는 뜻이었다. "30초 만에 완성한 그림 값으로 1만 달러는 너무 심하지 않으냐"는 난색에 "이렇게 그리기까지 40년이 걸렸다"는 피카소의 대답은 생산자의 고뇌와 눈물 서린 인간승리를 내포하고 있었다. 그 경지에 오르기까지 몇 개의 연필을 부러뜨리고, 몇 개의 물감을 쥐어짜고, 몇 개의 팔레트를 갈아 치웠을까? 그리고 얼마나 많은 눈물을 흘렸을까? 어쩌면 나는 아직 시작도 아니한 건지 모르겠다.

잔디와 인간의 평행이론

한국인에게는 밟혀도 밟혀도
다시 일어나는 잔디처럼 질긴 생명력,
끈기와 저력이 있습니다.

_김수환 추기경

동년배는 어딘지 모르게 불편해하고, 어르신은 하루 반나절 나를 붙잡고 담소를 나눌 때, 스스로가 애늙은이라는 느낌을 받는다. 아버지와 다투신 어머니에게 "지는 게 이기는 거야"라던 9살 버릇이 지금까지 내재하는 걸까?

　사정이 이렇다 보니 만나는 부류는 중년층이 주를 이룬다. 삶 자체가 한 편의 영화인 사람들 속에 가능성이라는 이름을 가진 햇병아리가 섞여 있는 것이다. 게다가 대화라는 게 늘상 삶이 묻어나오는지라 인생을 들려주기보다 듣는 경우가 많았다. 암 투병으로 삶과 죽음의 경계에 놓였던, 임신 중에 사업을 시작했던, 급변하는 산업혁명을 홀로 쫓아야 했던 파노라마의 물결은 나를 침묵하게 했다. 밟혀도 밟혀도 다시 일어서야 하는 잔디와 같은 생명력은 두 발 딛고 살아가는 인간의 숙명인 걸까? 그저 꿈 하나 좇을 때가 가장 행복한 때라며 지그시 바라보는 눈빛의 행간에는 여러 의미가 내포해 있었다. 그들의 어깨너머로 보였던 삶이란 작용-반작용의 연속이었다. 세찬 바람이 불면 외투를 입고, 비가 내리면 우산을 쓰고, 햇볕이 내리쬐면 부채질하는, 그저 그냥 그렇게 살아가라는 사계절의 순환 같았다.

오늘이 감사할 지점까지 버티기

오늘 하루를
허락해 주셔서
감사합니다.

_김수환 추기경

궁여지책(窮餘之策) – 막다른 골목에서 그 국면을 타개하려고 생각다 못해 짜낸 꾀

추기경 말씀처럼, 살다 보면 오늘 하루를 허락해주셔서 감사한 날이 반드시 있다. 내 얘기를 풀어놓자면 출간 직후 1년간은 맨땅에 헤딩만 했다. 글이나 강연으로 수익을 얻고 싶었는데 세상 물정에 대한 통찰이 졸렬했고, 인복도 전무(全無)한 까닭이었다. 궁여지책(窮餘之策)으로 꾀한 방법이 아르바이트였다.

차별화 본능 때문에 이력서를 파랗게 칠하고 사진 테두리에 타임지 표지를 삽입했다. 부담스러웠나보다. 가는 곳마다 퇴짜를 놓았다. 그날도 부딪침의 연속이었는데,; 입대 전에 근무했던 레스토랑 점장님께서 전화 주셨다. 용건은 간단했다. 지인인 한복 연구가께서 홈페이지를 제작하시는데 글쟁이가 필요하다고 하셨다. 잃을 게 없다 싶어서 가벼운 마음으로 원장님을 찾아뵀다. 마음을 여는 재주가 어찌나 탁월하신지 나도 모르게 내면의 한(恨)을 모조리 털어놓았다. 다행히 필력까지 좋게 봐주셔서 홈페이지의 전문(全文)을 진두지휘할 수 있었다. 사실 그분을 만나기 전까지 생선 가시가 목에 걸린 듯이 고통스럽고, 새벽처럼 눈앞이 깜깜해서 어찌할 줄을 몰랐다. 우울한 날도 많았고 희망이라는 건 보이지 않았지만, 오늘 하루를 허락해 주셔서 참으로 다행이었다.

죽음이 바꿔놓은 삶의 초상

오늘이
삶의 마지막 순간이라고
생각하세요.

_김수환 추기경

나이 듦을 문학적 표현으로 '익어간다'고 하며, 의학적 표현으로 '죽어간다'고 한다. 움직이는 육체에는 피가 흐르듯, 탄생한 인간에게는 필연적으로 죽음이 흐르고 있다. 그것은 종종 일상에 의해 잊혀졌다가 불현듯 상기되었다가 다시 잊혀지곤 한다. 이렇게 죽음은 현실 그 자체일 뿐 삶에 큰 비중을 차지하지 않았다. 그러나 누군가는 죽음을 전면에 내세워 인생을 뒤집기도 한다.

 즐거움이라곤 없었던 29살 파견직 여성이 1년 후 라스베이거스에서 전 재산을 탕진하고 죽겠노라는 배팅이 바꿔놓은 삶의 초상, 오진(誤診)으로 3개월 시한부를 선고받은 여인이 여생(餘生)은 자신을 위해 살겠노라며 회한에 젖는 모습은 많은 시사점을 남겼다. 어쩌면 우리는 체면을 너무 차린 탓에 손가락을 까딱하기조차 두려워진 건 아닐까? 행여나 덜 중요한 부분을 신경 쓰느라 인생을 왜곡하고 있는 건 아닐까? 은연중에 일렁이는 피해의식과 불안은 본말전도(本末顚倒)의 전형이라 할 수 있겠다. 그럴 때면 조용히 죽음을 떠올려본다. 아! 일말의 가능성을 향한 도전은 이상주의자의 낭만적 항해(航海)가 아닌 죽음을 인지한 현실주의자의 이성적 항해(航海)였다.

그 어려움 극복했으면, 진심으로

모든 선은
고통을 통해 이루어진다는 것을
마음 깊이 간직하고
그 어려움을 극복했으면 합니다.

_김수환 추기경

예비군에서 한 병사와 담소를 나눈 적 있었다. 대개 20대가 그러하듯 진로를 고민하는 모습이 역력했다. 나는 뭐가 어렵냐는 듯 재능을 쫓아가시라고 자못 건방지게 지껄였다. 그러나 술 한 잔 마신 듯이 사정을 털어놓는 그는 나를 침묵하게 했다. 택배회사 야간 현장 관리직으로 일하는 그는 전업(轉業)을 희망하고 있었다. 문제는 사업 실패로 빚쟁이가 된 아버지와 공무원 준비를 하는 동생이었다. 가장인 자신이 끈을 놓으면 집안이 무너지므로 불가피하게 타인으로 살아야 했다.

그의 사정을 듣는 내내 글쟁이의 무책임성과 비객관성을 통감했다. 사상이라는 게 모든 이의 사정에 적중하는 객관성을 띠지 못한다. 그 한계를 절충하라는 세련된 표현이 '책의 절반은 독자가 만든다'이다. 전개과정에서 짐작했겠지만 이 서적은 가치와 혁신 중에 후자의 성격을 띤다. 그러나 예비군 병사도 그대도 취사선택은 개인 몫이다. 다만 명색이 글쟁이인지라 글 몇 줄 쥐어 주려고 한다. 우리 부모님은 평생 타인으로 사셨다. 그 덕분에 자신으로 사는 내가 있다. 반대로 평생 자신으로 살았던 부모 덕분에 자신으로 사는 이도 있다. 그대의 사정을 다 헤아리지 못하지만 그 어려움 극복했으면 좋겠다.

포기하지 않음의 일상화

한 생각 잘못 먹으면
엉뚱한 길로 비뚤어 나가고
또 한 생각 바로 정신을 차리면
바른 길에 들어설 수 있습니다.

_법정 스님

절대 포기하지 말라는 말. 미간을 찌푸릴 만큼 너무나 흔해 빠진 격언으로 퇴색했는지도 모르겠다. 그러나 격언을 내재화해서 삶에 녹여내는 사람은 몇 명이나 있을까? 나 역시 세상에 나를 집어넣고 글 쓰는 사람이기에 알고 있다. 포기하지 않는다는 게 얼마나 만만치 않은 일인가를 말이다. 치킨 레시피를 판매하기 위해 매장 1,008개를 방문했다는 어느 할아버지, 10년간 R&D(연구·개발)를 한 끝에 제품을 시장에 관철하는 어느 중소기업가, 미래가 보이지 않는 상황에서 어떻게 이렇게까지 할 수 있었을까?

약간은 20대를 폄훼하는 듯한 '얼마나 해봤느냐?'를 아예 부정하기는 어려운 것 같다. 최소한 내게 그 질문을 한다면 당당히 답하기는 힘들다. 어쩌면 가슴에 품어야 할 생각은 할 수 있느냐 없느냐가 아닐지도 모른다. 중요한 건 두 발을 땅에 딛고 목표를 향해 걸음을 내딛는 삶 자체가 아닐까?

산다는 게 무엇인가? 포기하는 순간 일련의 시행착오는 덧없음이 되고, 성공하는 순간 일련의 시행착오는 필연적이 되는, 결과가 과거를 뒤집는 관념의 장난질 아닌가? 부디 내면의 비평가보다 현장에서 애쓰는 당신에게 공로가 돌아가기를 바란다.

네 번째 생각

—

정정백백
正正百百

- 인간의 격

누가 봐도 탁월한 자가 좀체 성장하지 못하는 이유,

모든 마지막 지점에 사람이 있다는 당연함을
도외시했던 까닭이다.

인생은 어떻게 예술이 되는가

인생의 의미는
어디에 있는지
알아야 합니다.

_김수환 추기경

인생의 의미를 포괄적으로 정의하자면, 자급자족이 가능한 도구를 갖추고 지인과 가끔 만나 차 한 잔 마시는 기쁨 정도가 아닐까? 두 의미를 면밀이 살펴보면 그 안에는 공통으로 사람이 있다.

먼저 일이란 사람으로 시작해서 사람으로 끝난다 해도 과언이 아니다. 한 단계 한 단계 전진할 때마다 관문처럼 사람이 자리하고 있다. 즉 어느 지점에서든 사람을 자기편으로 만드는 능력이 있으면 절반은 먹고 들어간다. 그게 부담스럽다면 최소한 사람을 읽고 유리한 방향으로 일을 선회하는 능력이 요구된다. 다음으로 성장의 매개체 역시 사람이다. 나를 깨우쳐줄 사람, 인도해 줄 사람, 도와줄 사람 등 순간마다 그들 도움이 필요하다. '누구를 만나느냐'가 중요하다는 격언은 이런 속뜻을 품고 있다.

둘째로 인생에는 차 한 잔 마시며 온종일 잡다한 이야기를 나눌 존재가 필요하다. 고단한 인생에는 막역하고 거리낌 없는 존재가 한 명쯤 있어야 잠시나마 멍청해질 수 있다. 그 밑으로 흐르는 전폭적인 지지와 단단한 신뢰, 그것만으로 인생 절반은 성공했다고 본다. 살아가는 동안 이 두 마리 토끼를 곁에 두려면 결국 '인간의 격'이 남달라야 한다.

인간을 인간적으로 대하기

내 생각을 지배하는
가장 큰 주제는
예나 지금이나 '인간'입니다.

_김수환 추기경

사회에서는 진정한 친구를 만나기 어렵다는 속설이 있다. 모르긴 몰라도 세파(世波)에 찌들다 보면 저도 모르게 재는 버릇이 생기는 모양이다. 하긴 한국사 곳곳에는 권모술수(權謀術數)와 한(恨)과 혈(血)과 보복이 묻어있지 않던가? 사람 사는 곳이 똑같다면 모든 곳에 암투(暗鬪)가 존재하니 생존을 위해서라면 악랄해져야 하는 걸까?

만약 그것이 정설이라면 위로 올라갈수록 같은 목소리를 낸다는 결론이 나온다. 하지만 필자는 다른 경우를 보았다. 그분을 간략하게 소개하자면 자기 업계에서 1위를 석권했다는 정도다. 그분은 머리는 열어두되 언제나 마음으로 먼저 다가가기를 강조하신다. 인간을 인간적으로 대하는 게 관계의 1요소라는 요지가 아닐까 싶다. 물론 본인도 사람에게 다친 적이 많았고, 누구보다 인간의 암(暗)적인 면을 통감하고 있다. 철학이란 현상에 의해 소멸하지 않을 때 부여하는 명칭 아니겠는가? 지근거리에서 지켜본 바로는 마음으로 마음을 주무르기에 경계가 무너지고, 빛이 열리면서 인간이 다가오는 게 아닐까 한다. 필연적으로 의지할 곳을 염원하는 人의 성질을 아셨던 게다. 어쩌면 사람 관계란 그 옛날 도덕 교과서에서 배운 그대로가 아닐까 생각해본다.

권모술수(權謀術數) – 목적달성을 위해서는 인정이나 도덕을 가리지 않음

하나보다 둘이 더 강하니까

사랑을 받기만 하고
주지 않으면
사랑을 받을 수 없습니다.

_김수환 추기경

매사에 NO를 연발하는 폐쇄적인 남자가 있었다. 얼음장처럼 차가운 도시 남자는 시니컬한 라이프스타일 때문에 절친과 등지고, 아내에게 이혼당하고, 승진시험에서 탈락했다. 잇따른 불운에 허덕이던 남자는 친구의 권유로 대형 강연에 참석했고, 청중 앞에서 매사에 YES 할 것을 서약한다.

YES 한마디로 인생이 바뀐 남자의 좌충우돌 이야기를 다룬 영화 '예스맨'의 줄거리다. 영화 전반부는 필자의 과거였고, 후반부는 미래이고 싶은 간절한 마음에 작품을 소개해보았다. 재기발랄한 제작진이 차려놓은 밥상에 짐 캐리 표 숟가락을 얹은 영화는 막바지에 핵심 메시지를 던진다. "옛날의 저는 아무것도 할 수가 없는 사람이었어요. YES 철학을 시작하고 사람과 어울리면서 제가 얼마나 모자란 사람인지 깨달았어요. 저는 나눌 게 없는 사람인 줄 알았어요. 하지만 지금은 나눈다는 게 얼마나 중요한지 알아요."

상처 많은 영혼에게 고(告)하고 싶다. 풍진 세상을 홀로 헤쳐 나가는 데는 한계가 있으며. 속세에는 악인(惡人)이 많은 반면 선인(善人)도 많다고 믿는다. 하나보다 둘이 강하고 외로움보다 갈등이 나으며, 인(人)의 생은 불행을 나누어 짊어질 동반자가 필요하다.

상대방 과거에 과오가 있다면

용서는
바로 사랑입니다.

_김수환 추기경

다양성이라는 말이 적합한 공간은 군대가 아닐까 싶다. 그곳은 진입장벽이 워낙 낮은 터라 곳곳에 탈(脫)상식적 인물이 존재했다. 신상을 나열하자면 화류계 종사자, 대학 중퇴생, 전직 깡패가 있었다. 나 역시 탈(脫)상식적 존재였음에도 배경에서 피어오르는 선입견을 아예 배제하기 어려웠다. 하지만 시간이라는 약이 눈 녹이듯 선입견을 녹였고, 함께 훈련하며 흘렸던 땀과 눈물은 낮과 밤을 하루로 연결했다.

이처럼 탈(脫)상식적 배경을 가진 인물도 민낯을 접하면 생각이 바뀌곤 한다. 19년간 옥살이를 했던 장발장도 그렇지 않은가? 도둑질 시초가 배고픈 조카를 위해 빵 한 조각 훔친 사건이었음을 알았을 때, 마음 한켠에 피어올랐던 연민의 감정은 참으로 오묘했다. 세상에는 감기에 걸리고서야 허겁지겁 외투를 입는 사람도 있어서 상대의 진면목을 접하려면 지난날 과오를 덮는 포용력이 필요하다. 전통혼례 폐백 문화를 살펴보면 그 예가 잘 나타나 있다. 며느리가 폐백 음식을 대접하면 시부모는 다산·장수를 염원하며 며느리 치마폭에 밤·대추를 던졌다. 이때 시어머니는 폐백닭을 부드럽게 어루만지는데, 며느리의 흉허물을 덮겠다는 의미다.

타인에게 유일무이한 존재가 되는 법

똑같은 사람은 하나도 없고
전부가 유일무이한 존재이고,
모두가 다 고유한 Persona를
지니고 있는 것입니다.

_김수환 추기경

기기기익(己飢己溺) - 자기가 굶주리고 자기가 물에 빠진 듯이 생각함

추기경 말씀처럼 똑같은 사람은 하나도 없고 모두가 유일무이한 존재다. 그 안에는 희소성을 담고 있어서 지구 중심은 나이며, 특별하다는 생각을 의식적·무의식적으로 안고 산다. 만약 그 점을 객관화하여 타인을 특별하게 대하면 어떻게 될까? '나'는 타인에게 유일무이한 존재가 된다.

때는 2017년, 토라진 여자 친구처럼 쌀쌀맞은 어느 가을 날 추적추적 비가 내린 적 있었다. 때마침 자가용으로 출·퇴근하는 자형(姊兄)이 생각났다.

"자형(姊兄), 저녁 드셨습니까? 비가 대지를 적시는 오늘입니다. 귀가하실 때 운전 조심하세요."

"그래 상효야 오늘 비가 와서 시야가 많이 흐리네. 신경 써줘서 고맙다."

세상은 나 하나 먹고 살기도 바쁜 곳이라서 대다수는 본업(本業)에만 특화되어있다. 타인에게 유일무이한 존재는 그 위에서 노닐 줄 알며, 상대의 마음을 읽는 메시지는 필연적으로 섬세함을 동반하기에 좋은 인상을 심어줄 수 있다. 사자성어에 빗대면 기기기익(己飢己溺)정도 일까? 일찍이 로마인은 "귀한 것은 비싸다(Rara sunt cara)"라고 했다. 타인에게 유일무이한 존재는 희소성과 수요 덕분에 프리미엄 premium이 붙는다.

'너와 나'가 '우리'가 되는 순간

남을 존중하고 위할 줄 아는
참으로 인간다운 인간이
먼저 되어야 합니다.

_김수환 추기경

먹이사슬 최하층에 자리한 인간은 포식자에게 대항하기 위해 협업을 창조했다. 먼저 사냥감을 발견한 조직은 일제히 멈춰 서서 좌·후방을 경계했다. 그다음 첨병이 수신호로 위치를 알리면 일제히 튀어나가 급소를 향해 창을 던졌다. 정신이 혼미해진 사냥감이 중심을 잃고 쓰러지면 녀석을 들고 마을로 복귀했다. 그럴 때면 대기하고 있던 주방장은 사냥감을 요리하여 부족에게 분배했다.

이처럼 자급자족의 일환으로 행해진 협업은 고도화된 사회에서 보다 광범위해졌다. 그것은 조직 구성원이 아닌 자와 인연을 맺어야 함을 뜻했다. 아들을 변호해준 변호사에게 매달 참기름을 선물하는 부부, 정화조(淨化槽) 팀이 올 때마다 냉수를 대접하며 안부를 묻는 건물주, 불판 앞에서 수고하신다며 단골 삼겹살 가게에 냉커피를 선물하는 손님은 인연의 힘을 알고 있는 듯하다. 냉정함과 냉철함이 흐르는 '너와 나'는 '우리'가 되는 순간 마음을 쓰기 시작한다. 능력을 갖춘 각자가 인연이라는 끈으로 연결되어 또 다른 시너지를 창출하는 그림은 고체화되고 기계화된 세상 밑으로 흐르는 살색의 정(情)이다. 필요한 게 있다면 한 줌의 따뜻함과 한 줌의 섬세함과 한 줌의 용기일까?

사촌이 땅을 샀을 때의 심리

무너진 건물은
그 위에
다시 세우면 됩니다.

_김수환 추기경

무너진 건물은 그 위에 다시 세우면 된다. 다만 재건축에는 콘크리트 타설 작업, 목재 운반, 목재 가공, 골조작업 등 무수한 인력을 요(要)한다. 차이는 있다. 실질 건축의 인력 동력은 인건비지만, 인간 건축의 인력 동력은 인간미다. "사촌이 땅을 사면 배가 아프다"는 구태의연(舊態依然)한 속담은 과거로 묻고, 주위 성공을 진심으로 축하하는 그릇이라면 무너진 건물을 다시 세울 수 있다.

우리가 사회라고 지칭하는 공간의 뿌리는 '인간'이다. 지상에서 두뇌를 가장 잘 활용한다고 평가받는 이성적 생명체도 실은 감정의 동물이다. 따라서 탁월하기만 한 자보다 탁월하면서 인간 심리까지 꿰뚫는 자가 우위를 선점할 확률이 높다. 인간은 자기 성공을 질투하는 자를 멀리하고, 축하하는 자를 가까이하는 법이다. 내 주위에 성공한 사람이 많으면 그 시너지를 타고 동반 성장하게 돼 있다. 성공은 남이 시켜준다는 살아감의 암묵적 지식도 같은 맥락이라고 본다. 필요한 게 있다면 그 옛날 연필 한 다스를 산 기념으로 짝꿍에게 한 자루 선물했던, 100원짜리 불량식품을 나눠 먹었던 순수함이다. 사회적 지위가 높은 사람을 꽤 만나봤지만 이 자질을 갖춘 인물은 0.1%였다.

구태의연(舊態依然) - 옛 모양 그대로

인맥에 내포한 윈윈전략

조금의 불편과 희생도
감수하려는 마음이 없기 때문에
화합하지 못하는 것입니다.

_김수환 추기경

A는 능력은 있는데 젊고 연줄도 짧아서 인맥이 전무하다. 그가 꽃피우려면 자신을 키워줄 수 있는 B라는 계절을 만나야 한다. 귀찮은 일을 떠맡게 된 B는 A에게 공부를 추천해주고, 귀인과 만남을 주선해준다. 장기적으로는 삐딱하고 어디로 튈지 모르는 A를 완만한 세계관으로 인도하기 위해 돈·감정·시간을 소모해야 한다. 여기까지는 100% 밑지는 장사다.

하지만 성장한 A가 훗날 결초함환(結草啣環)하고자 B를 끌어주는 아름다움이 인맥의 진면목이다. 문제는 인맥의 순환 방식을 거스른 채 일방적인 도움만 구하는 몇몇 우인(愚人)의 태도이다. 그는 조금의 불편과 희생도 감수하기 싫은 심보 때문에 아무리 날뛰어봤자 우물 안을 벗어나지 못한다.

사회에서는 식사 대접을 받으면 후식까지 바라는 심보를 지양하고, 옆에서 설거지를 도와주거나 다음에 편지와 함께 반찬 몇 가지를 선물하는 성향을 지향해야 한다. 성공은 타인이 부여하는 수동적인 명칭인지라 인간에 대한 이해력을 수반한다. 남의 일을 내 일처럼 열정적으로 도울 줄 알고, 때로는 알면서도 손해 볼 줄 아는 희생정신도 필요하다. 이때 여과 과정을 거치겠지만 그렇게 살다 보면 궁극적으로 귀인이 모여들게 돼 있다.

결초함환(結草啣環) – 은혜를 잊지 않고 기필코 보답함

상대를 아군으로 만드는 힘

남에게 해를 끼치지 않고
두루 착한 일을 행할 때
저절로 우리들 마음이
열리고 맑아집니다.

_법정 스님

이 세상 모든 시작과 중간과 끝에는 사람이 있다. 모든 길은 사람을 통한다고 해도 과언이 아니다. 그런 관계망을 상기해보면 차갑기보다 따뜻한 쪽이 낫고, 냉소적이기 보다 희망적인 쪽이 낫고, 악(惡)하기보다 선(善)한 쪽이 낫다. 좀 더 드러내자면 그런 성향이 사람을 자기편으로 만드는 힘으로 작용한다.

 각자 지위가 있는 개인이 보이지 않는 관계망을 형성하고, 그 안에서 서로서로 돕는 게 사람 사는 모습이 아닐까 한다. 작가인 나를 예로 들자면 편집장에게 A라는 작가를 소개해줄 수 있고, 언론사에 B라는 서점을 소개해줄 수도 있다. 반대로 그들 역시 나를 어느 기관에 소개해줄 수 있지 않겠는가? 물론 이런 행위는 머릿속 계산에서 나오는 게 아니라 가슴 속 진심에서 우러나와야 한다. 그러려면 성향 자체를 선하고 따뜻하고 희망적인 방향으로 선회하는 과정이 필요하다. 사회에 나가보면 절실히 느끼겠지만, 인망이 두터운 자는 프로젝트를 진행하면 서로 도와주려고 손길을 뻗는다. 모름지기 계약서 위에 사람 있고 사람 위에 감정 있다. 그 감정을 살살 주물러서 자기편으로 만들 수 있느냐? 어쩌면 실력보다 우위에 둬야 할 능력일지도 모른다.

아랫사람을 공경하는 지혜

내가 복스러운 짓을 하면
복을 받고
내가 박복한 짓을 하면
굴러들어온 복도
걷어차게 되고 그런 거 아닙니까?

_법정 스님

무릎 꿇고 두 손 모아 하늘을 향해 기도하듯, 인간은 본능적으로 윗사람에게 복스러운 짓을 한다. 출세, 인맥, 소위 성공과 일맥상통(一脈相通)한 그 어떤 단어로든 치환할 수 있겠다. 반면에 아래를 향해 두 발 딛고 대소변을 가리거나 쓰레기를 버리듯, 본능적으로 아랫사람에게는 박복한 짓을 한다. 본연의 아둔함 혹은 꽃은 보되 열매는 보지 못하는 좁은 식견으로 치부하면 될까?

자고로 성공은 밀어주고 당겨주는 힘이 필요하다. 여기서 당기는 역할은 윗사람이며 밀어주는 역할은 아랫사람이다. 인생은 시스템을 따라 흘러가기에 앞·뒤를 볼 수 있는 자는 어떤 경우에라도 밀고 당김의 순환체계를 놓지 않는다. 속물같은 표현이기는 하나 아랫사람을 발굴하고 키우려는 몇몇 속사정 중 하나일지도 모르겠다.

어쨌거나 아랫사람에게 복스러운 자는 자기 세대가 곤란에 처해있던 지점을 쉽사리 뚫고 전진하는 모습을 보였다. 아랫사람의 실력과 사회적 지위가 초심자 영역에 있는 경우에라도 그랬다. 궁극적으로 올챙이는 개구리로 진화했을지라도 올챙잇적 기억을 갖고 사는 법이다. 모름지기 사람을 대할 때는 두세 걸음 앞을 내다보는 지혜가 필요하다.

성욕을 거스르는 절개

인간관계가 단절되는 것은
그 신의와 예절을
소홀히 하기 때문입니다.

_법정 스님

흔히 남녀 사이에 통용되는 친구가 될 수 없다는 말. 본능이 이성을 장악하는 발정(發情)의 세련된 표현이라는 견해다. 물론 피 끓는 대학 시절에는 본능에 충실한 발정이 치기어림으로 용인될 수 있을지 모르겠다. 그러나 사회에서는 이성(異性)을 이성(異性)으로 보지 않는 이성(理性)이 필요하다.

능력과 능력, 지위와 지위가 만나는 세계에는 공(公)적이든 사(私)적이든 함께 일을 도모하는 경우가 많다. 그 관계망 속에서 색(色)에 미쳐 고요하게 날뛰는 정도의 그릇으로는 이내 고꾸라지고 만다. 나만 하더라도 프로젝트를 기획하면 분업을 맡아줄 적임자와 줄줄이 미팅하는데, 그 과정에서 이성과 단둘이 만나는 때도 있다. 나라고 색(色)에 해탈했겠느냐마는 은장도로 허벅지를 찌르는 심정으로 애써 넘기려고 노력한다. 예부터 그쪽 방면으로는 영 재주 없거니와, 소문은 소문을 부르고 단절은 더 큰 단절을 야기함을 배웠던 까닭이다. 그 옛날 황진이의 유혹을 이겼던, 조선 남성을 색(色)에 빠뜨린 절세미녀를 한 사람의 제자로 보았던, 본능을 거스르는 절개를 보여주었던 서경덕의 사례는 훌륭한 귀감이다.

자기관리 첫 번째, 사람

철저한
자기관리가 필요합니다.

_법정 스님

자기관리 대상은 두 가지, 즉 본업과 사람이다. 전자는 학문과 선구자의 가르침으로 행하는 정적인 수양이요. 후자는 맨몸으로 부딪치는 역동적 수양이다. 개인 견해를 피력하자면 후자의 중요성을 설파하는 경우가 드문 것 같다. 인생(人生)이란 인(人)과 관계를 통해 인과관계(因果關係)가 도출되는 데도 말이다.

일찍이 공자는 사람을 분별하는 법에 대해 "예가 아니면 보지 말고 예가 아니면 듣지 말고 예가 아니면 말하지 말고 예가 아니면 행동하지 말라"고 했다. 하지만 부족한 수양 앞에 훌륭한 격언도 한낱 공염불로 전락하고 만다. 데이터가 없는 상태에서 무슨 잣대로 판단할 수 있으랴?

설익은 데이터에 입각한 견해이기는 하나 본업의 수양을 흩뜨리는 자는 멀리함이 옳다. 구체적으로 말해 음주·가무를 즐기는 사람은 해롭다. 이 세상에 음주·가무가 이로운 직업은 없다. 특히 아직 채 여물기도 전인 초심자가 음주·가무를 가까이하면 중심이 무너질 확률이 높다. 국내외를 막론하고 유흥에 젖은 유망주의 말로는 언제나 비참했다. 둘째로 이성이 마비된 상태에 자주 노출되다 보면 쾌락에 대한 유혹을 강하게 받는다. 그것이 야기하는 부작용은 일일이 열거하기 힘들 정도다.

자기관리 두 번째, 자신

소중한 것은
잃어버린 후에야
그 가치를 압니다.

_김수환 추기경

상실 후에야 소중함을 깨닫는 실수는 초년 성공자의 몫인 것 같다. 치기 어린 20대에 30만 장 음반 판매를 기록한 뮤지션이 대마초에 손대거나, 아역스타가 마약, 음주운전, 폭행죄를 저지르는 가벼움을 보면 말이다. 대개 초년 성공자를 보면 유년 시절부터 행해왔던 놀이가 직업으로 이어지고 이른 나이에 빛을 보는 사례가 많다. 역설적으로 그 안에는 절박함이 결여되어 있다. 일궈낸 성공을 무의식적으로 가벼이 치부하는 것이다. 모든 일은 사람을 통하는지라 자기관리가 안 되고 신뢰가 떨어지는 인물과 프로젝트를 진행하려는 경우는 드물다. 일찍 핀 꽃이 먼저 시드는 이유는 뿌리가 단단하지 못해서다.

반면에 늦게 피어난 꽃은 찬란함의 지속성이 장기적이다. 개그맨 유재석에게 9년 무명생활은 가히 이인위감(以人爲鑑)이었다. 그는 스타가 되고 하루아침에 몰락하는 사람을 너무나 많이 봐왔다고 한다. 그래서 개그맨 유재석의 초석을 성실과 겸손으로 닦겠노라 다짐했다고 한다. 음주·가무를 멀리한 채 '집-방송국-운동'의 순환을 반복하는 단순 체제도 그 일환이라고 본다. 우리가 배워야 할 점은 철저한 자기관리로 인해 상대가 절로 신뢰하게 만드는 그의 직업관이다.

이인위감(以人爲鑑) – 남의 성공과 실패를 거울삼아 자신을 경계함

인생 병법_싸우지 않고 이기기

아무리 화가 났을 때라도
말을 함부로
쏟아 버리지 마십시오.

_법정 스님

전역 후 퓨전 레스토랑에서 근무한 적 있었다. 가게는 일몰이면 만석을 채울 만큼 인기 있는 곳이었다. 그때가 되면 직원은 주문, 음식조달, 세팅, 뒤처리, 계산까지 담당하는 슈퍼맨으로 변모해야 했다. 하지만 필자는 능력치가 저조한지라 타박을 월급의 2배로 받았다. 화폐로 사람을 고용하는 사용자 입장에서 어설픈 일솜씨는 재앙이기에 이해할 수 있었다. 언론에서 아르바이트생의 애환을 조명하던 시기라서 해고도 쉽지 않았다. 그 모든 응어리는 한꺼번에 터지고 말았다.

민폐를 끼친 지 10일째 되는 날이었다. 사장은 오전부터 진행한 주방 공사를 탐탁지 않아 했다. 직원이라곤 A급뿐이어서 분노를 해소할 수도 없었다. 때마침 시야에 내가 들어온 모양이다. 겸상(兼床)을 하다말고 독기 가득한 세 치 혀로 자존심을 난도질했다. 나도 사람인지라 순간 분노가 들끓었으나 애써 감정을 숨기며 일과를 마무리했다. 다음날 한 달을 채우고 퇴사하겠노라 말씀드린 게 전부였다.

그로부터 4년 후였다. 지인이 분기별 행사인 사회인 모임에 필자를 초대했는데, 그곳에서 레스토랑 사장과 조우했다. 나를 응시하는 사장의 동공은 지진처럼 흔들리고 있었다. 승자와 패자가 뒤바뀌는 순간이었다.

인생 병법_져주면서 이기기

선생에게 막 달려드는 사람이 있으면,
옆으로 잠시 비켜서 보세요.
그러면 달려오던 사람이 선생과 부딪
치지 않고,
계속 달리기만 하겠죠.

_김수환 추기경

유언비어(流言蜚語) - 아무 근거 없이 널리 퍼진 소문
왈가왈부(日可日否) - 어떤 일에 대해 옳다거나 그르다고 말함

A가 공익사업 회장직에 오르자 파열음이 일어났다. A의 인망을 질투했던 선대(先代) 회장이 의도적 비난을 일삼으며 유언비어(流言蜚語)를 퍼뜨린 것이다. 물론 이빨 빠진 호랑이의 뒤안길이었기에 마음만 먹으면 선대 회장을 잠식할 수도 있었다. 여러 회원도 분을 못 이겨 그렇게 하기를 바랐다. 그러나 A는 달랐다.

"공적인 일이니까 얼마든지 비판하실 수 있습니다. 더는 왈가왈부(曰可曰否)하지 마세요."

A는 행사나 회식이 있는 날이면 선대 회장을 초대하여 매우 공손히 예우했다. 그 모습마저 눈꼴사나웠던 선대 회장은 회원들 앞에서 A를 강도 높게 비난했다. 그럴수록 A는 고개 숙였고 세찬 바람 앞에 풀처럼 누웠다. 선대가 일어나실 때까지 곁을 지켰음은 물론 개인 자가용으로 집까지 모셔드리며 극진히 대접했다. 그런데도 선대 회장은 얼음장처럼 차가웠고 A를 죽이려고 수단 방법을 가리지 않았다.

시간이 흘러 파열음이 잠잠해질 즈음 선대 회장이 행사장에 나타났다. 그의 등장에 회원들의 신경은 칼날처럼 곤두서 있었다. 그러거나 말거나 선대 회장은 여봐란듯이 A에게 다가가서 한마디 던졌다.

"자네가 나보다 한 수 위네"

성공의 8할은 포커페이스

화내는 사람이
언제나
손해를 봅니다.

_김수환 추기경

김범수는 1집 타이틀곡 〈약속〉을 듣고 아연실색(啞然失色)했다. 그가 지향했던 음악은 R&B였지만 귓가에는 트로트에 발라드를 접목한 '뽕 발라드'가 들리고 있었다. 색깔만은 타협할 수 없었던 청년은 지향점에 반(反)하는 스타일에 이의를 제기했다.

다음날 김범수 아버지가 사무실에 불려왔다. 작곡가는 김범수를 옆에 앉혀놓고 "아들이 예술가인 줄 착각하고 있다!"며 아버지를 호되게 혼냈다. 치욕을 느낀 김범수는 들끓는 분노에 신음하며 곁눈질로 타격을 가할만할 물건을 찾고 있었다. 그런데 순간! 마음속에서 '가만히 있으라' 하는 목소리가 들렸다고 한다. 만약 김범수가 판을 엎었다면 대중음악가로 데뷔할 수 있었을까?

실력은 개인 영역이지만 운은 초월적 영역이다. '찰나의 기회'는 어느 때에 어떤 형태로 다가올지 모른다. 기회가 왔다면 모든 순간에 포커페이스를 유지해야 한다는 견해이다. 살갗을 파고드는 치욕을 견디지 못하면 평생을 애벌레에 머문다. 백정의 사타구니를 기어갔던 한신(韓信)처럼 큰 뜻을 가진 자는 자존심을 종잇장처럼 찢어버릴 줄 알아야 한다. 무시 좀 당하면 어떤가? 높은 곳을 오르다 보면 주먹을 내밀지 말아야 할 싸움도 있는 법이다.

아연실색(啞然失色) – 뜻밖의 일에 얼굴빛이 변할 정도로 크게 놀람

거짓말로 점철된 세상을 사는 법

내게 잘하는 두 개의 언어가 있습니다.
그것은 독일어나 영어 등
외국어가 아니라
참말과 거짓말입니다.

_김수환 추기경

2008년 통계에서 무고죄로 처벌받은 숫자가 한국 2,200명 일본 10명이었다. 위증죄는 한국 1,500명 일본 9명이었고, 사기죄는 한국 7만 명 일본 8,200명이었다. 미처벌자까지 합산하면 숫자는 얼마나 불어날까? '한국인은 거짓말을 잘한다'를 일반화할 수 있을 것 같다. 집단 익명성, 순간의 모면, 눈앞의 이익은 거짓말을 사회 처세술로 둔갑시킨 모양이다. '거짓말하면 나중에 벌 받는다'의 나중은 도대체 언제일까? 지출의 고통을 전자거래로 무마하는 신용카드처럼, 기일 없는 권선징악(勸善懲惡)은 도덕적 해이를 유발해왔다.

상황이 이렇다 보니 우리는 서로를 못 믿는 상황에 이르렀다. 하지만 나는 그 안에서 또 다른 가능성을 발견했다. 거짓말로 점철된 사회에서는 거짓말만 하지 않아도 신뢰도가 대폭 상승한다. 황소가 99마리 살고있는 초원에는 젖소 1마리만 있어도 눈에 띄는 법이다. 실제로 거짓말은 하지 않는다는 평판 덕분에 아무도 해내지 못한 일을 해낸 사나이도 있었다. 우리가 상대하는 대상은 인간이라서 실력 이외의 가치를 보는 비이성적 결정을 내리기도 한다. 더욱이 그 사회가 거짓으로 점철돼 있을수록 참말을 하는 사람이 드러나게 돼 있다.

권선징악(勸善懲惡) – 선함을 권하고 악함을 징계함

당연함에서 오는 신뢰

사람은
자기가 한 말에
책임을 져야 합니다.

_법정 스님

살다 보면 말이 행동을 수반하지 못하는 사람을 종종 만난다. 다음 주에 밥 한번 먹자는 빈말은 차라리 귀여운 수준이다. 큰 프로젝트에 동행을 제안해놓고 종국에 모르쇠 하거나, 말로는 우주를 줄 것처럼 치장하고 행동은 빈 수레가 짝이 없는 모습은 눈꼴사나울 지경이다. 그러니 사람과 대화를 나눌 때 지키지 못할 말은 뱉지 않는 게 좋고, 말이 행동을 수반하거나 행동이 말을 앞지르는 게 현명한 처사다. 우스꽝스러운 현실이지만 자기가 한 말에 책임만 져도 8할은 먹고 들어가는 세상이다.

어느 유명 음악인의 햇병아리 시절을 회고해보면, 음악을 틀어놓고 리듬을 맞추는 수업 도중 스승이 한 마디 툭~ 던져놓고 문밖을 나섰다.

"돌아올 때까지 연습하고 있어라"

공교롭게도 스승은 시곗바늘이 10을 가리키고서야 약속을 자각했다. 정황상 연습실을 정리하고 귀가했을 가능성이 높았다. 하지만 약속은 약속이니 부리나케 연습실로 발걸음을 재촉했다. 놀랍게도 어둠으로 덮인 연습실에 한 줄기 빛이 숨 쉬고 있었다. 제자는 스승이 돌아올 때까지 CD를 반복 재생하며 연습을 지속하고 있었다. 결국, 이런 식의 남다름이 조금씩 쌓여서 데뷔까지 이어질 수 있었던 게 아닐까?

약간 모자라고 약간 빈틈 있게

우직한 사람은
정직해요.

_김수환 추기경

1996년 가톨릭 청년 성서 모임 '만남의 잔치'에서 일어난 에피소드다. 한 청년이 김수환 추기경에게 다가가 "제가 어떻게 하면 그리스도 안에서 참된 신앙생활을 할 수 있을까요?"라고 물었다. 그러자 추기경은 "나도 잘 모르겠는데……."라고 솔직하게 답했다. 김수환 추기경의 그릇을 여실히 보여주는 대목이다.

어느 정도 경지에 들어선 인물은 자신을 죽일 줄 안다. 허당끼 있는 모습을 보여주거나 허심탄회(虛心坦懷)하게 모르노라 고백하는 것이다. 얼핏 무른 행동으로 보일지 모르나 자신을 죽이면 자신이 사는 법이다. 솔직하게 있는 그대로 노출하는 모습에서 대중은 역설적으로 신뢰를 느낀다. 시대 흐름을 보더라도 인간상이 연출에서 노출로 넘어가고 있다. 스타는 생리 활동도 하지 않는다는 신비주의(mysticism)를 어필했던 과거와 달리, 현재는 음식을 입에 구겨 넣으며 있는 그대로 자신을 노출하고 있다. 너무나 고도화되고 정밀화된 시대에 짓눌려 결핍을 갈구하는 대중심리가 아닐까 한다. 엄밀히 말해 우리가 상대하는 대상도 대중심리 연장선에 있다. 약간은 모자라고 약간은 빈틈 있어야 상대가 들어올 여백이 생긴다.

허심탄회(虛心坦懷) – 마음에 아무 거리낌 없고 솔직함

대화가 통하는 사람

자신의 입장만 내세우지 말고
맞은편의 처지에서 생각한다면
이해와 사랑의 길이
막히지 않을 것입니다.

_법정 스님

입장과 입장이 부딪쳤을 때 싸움으로 변질되는 까닭은 왜일까? 자신만 주장하는 이기심에 있다. 내 입장을 이해받고 싶다면 상대도 그러할진대 우리는 종종 객관성을 망각하곤 한다. 그렇기에 넓은 의미로 협상에 능한 자는 절대 자신을 먼저 주장하지 않는다.

"이번 강의는 너무 길고 지루한 느낌이 있어서 염려스럽습니다"

정성 들여서 준비한 강연을 비판한다면 속된말로 열 받기 마련이다. 그럼에도 고수는 상대를 이해하고 인정한 후에 자신을 드러낸다.

"그러셨군요. 길고 지루한 강의는 누구나 견디기 어렵죠. 끝까지 들어주시느라 고생 많으셨습니다. 이번 기획에는 중요한 내용이 많았습니다. 다소 길다는 느낌을 주더라도 메시지를 다 전달해야겠다고 생각했습니다. 이 내용은 꼭 들어갔으면 합니다만 OO 씨 의견은 어떠신가요?"

상대를 먼저 이해하고 들어가면 당사자는 존중받고 있다는 기분을 느낀다. 자연히 말투와 분위기는 부드러워지고, 조율도 한층 수월해진다. 여기서 핵심은 표면적인 방법만 구사하는 게 아닌 진심으로 상대를 이해하는 아량을 갖추는 데 있다. 그렇게 '대화가 통하는 사람'이라는 인식이 생기면 웃을 수 있는 날이 더 많아지리라 확신한다.

부끄럽게 살지 않기를

부끄럽지 않게
사십시오.

_법정 스님

특히 젊은 날은 모든 게 불완전한지라 악(惡)에 대한 면역이 약하다. '젊다'는 가벼움과 '잃을 게 없다'는 패기는 이럴 때 독이 된다. 수당지계(垂堂之戒), 즉 장래가 촉망되는 자식은 위험을 가까이해서는 안 된다는 성어도 있지 않은가?

시작점에서는 첫 번째 단추를 잘 끼워야 한다. 내면에 나도 모를 악심(惡心)이 있다면 끊어야 하고, 선심(善心)이 있다면 지속해서 관철해야 한다. 사회에 영향력을 행사하는 시기인 중년에는 성향을 바꾸는데 어려움을 겪는 경우를 많이 보았다.

사실 부끄럽지 않게 산다는 게 뭔가 대단한 사상과 행동을 요구하는 철학은 아니다. 본업에 성실히 임하고, 타인에게 거짓말을 일삼지 않고, 행적을 주시하는 이가 있든 없든 자신을 속이지 않으면 그만이다. 그 옛날 순수함이 만개한 도덕 교과서 지침을 행동으로 옮긴다고나 할까? 그렇게 인생을 설계하다 보면 누구를 만나도 겁나지 않고, 비굴해지지 않고 꿀리지 않는다. 내면의 투명함이 외부에 그대로 표출되는 것이다. 궁극적으로 내 안에 떳떳함이 흘러야 언행에 힘이 생기는 법이다. 하늘을 우러러 한 점 부끄럼 없다는 사실만으로 절반은 성공한 인생이다.

불의보다 정의에 한 표

정의로움을
따르는 삶이
의미 있는 삶입니다.

_김수환 추기경

첩첩산중(疊疊山中) - 여러 산이 겹치고 겹친 산속
이면불한당(裏面不汗黨) - 경위와 도리를 분별할 줄 알면서도 나쁜 짓을 하는 사람

정의(正義)란 문자 그대로 올바른 도리이며, 정의로움을 따르는 삶은 불의(不義)와 타협하지 않는 삶이다. 언뜻 너무도 당연하게 느껴지는 철학이지만, 정의는 고독한 강단과 엄중한 결기를 수반한다. 불의와 타협할 때는 달콤한 유혹과 갚아야 할 부채가 큰 경우도 있어서다.

그럼에도 정의를 편드는 이유는 불의가 내포한 첩첩산중(疊疊山中)의 위험성을 염려해서다. 최초에 불의와 타협하게 되면 내막을 은폐하기 위해 더 큰 불의와 악수해야 한다. 악순환의 종국에는 무엇이 있겠는가? 수족과 주관이 거세당한 이면불한당(裏面不汗黨) 인간이 있다.

그 현실을 보았기에 정의로움을 따르는 삶이 의미 있는 삶이다. 한국이 찬탄해 마지않는 공자는 "시경에 있는 300편의 시를 한마디로 이야기하자면 생각에 사악함이 없다"고 했다. 이해타산과 무관하게 사회가 성장하는 방향으로 몸담을 수 있다면 충분히 정의로운 삶이다. 그런 성향을 가진 자가 자기 영역을 수놓을 때 정의의 불씨가 서서히 되살아난다. 그 불씨가 세상 곳곳의 어둠을 밝힌다면, 책 속의 문자로만 존재했던 '살기 좋은 세상'이 눈앞에 펼쳐지지 않을까? 저기 저 높은 태산도 한 줌의 흙에서 시작했다.

다섯 번째 생각

—

줄탁동시
啐啄同時

– 헤매는 자와 이끄는 자

1 곱하기 1은 영원한 1이라는 어느 영화 대사

그것은

어미젖을 갈구하는 새끼마냥 2를 찾아 나서야 한다는……

핵심은 어떤 물에서 노느냐

이 세상에
잘난 사람 못난 사람
따로 없습니다.

_김수환 추기경

학창 시절, 될성부른 떡잎이 아니었던 몇몇 친구가 있었다. 그저 오락만 즐기고 이성을 탐하던 평범한 녀석들이었다. 하지만 10년 후 사회에서 만났을 때 놀랍게도 두각을 나타내고 있었다. 자화자찬을 어색해하는 한민족 특성상 대화의 행간을 유추하는 게 최선이었다. 그들은 공통으로 어느 순간 노는 물이 달라져 있었다.

어떤 이는 남들이 능력 선에서 화폐를 모을 수 있는 업종에 뛰어들었을 때, 머릿속 꿈을 현실로 만들고자 했다. 한동안은 골방에서 망치질만 했다고 한다. 어떤 이는 남들이 대학교에 다닐 때 도서관을 다녔다. 그곳에서 난생처럼 맞닥뜨렸던 세계관은 어리석음으로 점철된 내면을 깨뜨리는 도끼였다. 속세를 벗어나 대략 2년을 책만 읽었다고 한다.

이렇게 노는 물이 달라지면 사람을 보는 눈이 변하고 자연스레 정신연령도 격상한다. 그 상태에서 외부에 자신을 노출했을 때, 벗 삼는 이들의 10할이 유사한 부류다. 그 안에서는 이전과 격이 다른 정보 교류가 발생하고, 내뿜는 사상도 한층 높은 지점을 그린다. 어항에서 키우면 5cm까지 자라고 강에 방류하면 120cm까지 자라는 고이처럼, 사람은 어떤 물에서 노느냐가 중요하다.

성장을 촉진하는 친구 유형

친구의 영향은
마치 안개 속에서
옷이 젖는 것과 같습니다.

_법정 스님

법정 스님은 "친구의 영향은 마치 안개 속에서 옷이 젖는 것과 같다"라고 했다. 풀이하자면 어떤 친구를 만나느냐에 따라 성향이 좌우되고, 그 성향은 인생 당락을 결정짓는다는 정도일까? 나는 친구에 두 가지 부류가 있다고 생각한다. 첫째. 언제든 불러내 술 한 잔 걸치는 편한 친구 둘째. 자신을 성장시키는 친구다. 지금부터 서술하려는 친구는 후자이다.

　먼저 20대는 시장에 관철할 기술을 연마하는 시기다. 남의 주머니에 있는 돈을 내 주머니에 넣기란 만만치 않은 일인지라 누구나 단련(鍛鍊)에 힘 쏟기 마련이다. 극진가라데 창시자 최배달은 일천 일의 연습을 '단(鍛)' 일만 일의 연습을 '련(鍊)'이라고 했다. 일천 일을 햇수로 환산하면 3년이고, 한 분야를 3년간 파고들면 미세하게나마 문리가 트인다. '너 ○○ 맞구나?' 정도의 인정이 따른다고 할까?

　그렇게 단련이 두뇌 활동에 주를 이루면, 대화중에 의식적·무의식적으로 자기 분야를 실타래 풀듯 술술 풀어 놓곤 한다. 그의 눈에 비치는 뜨거움과 언어의 진동에서 느껴지는 총명함은 청춘의 표상이다. 자신을 성장시키는 친구는 이런 유형이어야 하며, 관계 속에서 이런 에너지가 젖어 들어야 한다.

1이 2가 되려면

이것이 살아가는 건가,
이렇게 사는 게 사람다운 삶인가…
잠시라도 멈춰서
자신을 돌이켜보는
시간이 절실히 필요합니다.

_김수환 추기경

살다 보면 지식과 경험이 선물한 세계관이 턱! 하고 막힐 때가 있다. 나를 움직이는 세계관을 세상에 관철하지 못할 때다. 문장으로 축약하면 청년이고 수학으로 풀이하면 1 곱하기 1이다. 1 곱하기 1은 영원한 1이므로 배수로 도약하려면 더 높은 숫자를 만나야 한다.

다산 정약용이 서당을 운영할 때 열다섯 소년 황상이 다산에게 말했다.

"저는 결점이 많습니다. 머리도 나쁘고 앞뒤가 꽉 막혔고 분별력도 부족합니다."

"너는 공부하는 자가 가지는 3가지 결점이 없다. 첫째. 기억력이 뛰어나서 한 번 보면 척척 외우는 아이는 그 뜻을 깊이 음미할 줄 모른다. 둘째. 글 짓는 재주가 좋아 제목만 주면 글을 지어내지만 저도 모르게 경박하고 들뜨게 된다. 셋째. 이해가 빨라 한마디만 던져주면 금세 말귀를 알아듣지만 곱씹지 않음으로 깊이가 없다. 둔하지만 공부에 파고드는 사람은 식견이 넓어지고, 그것이 한번 뚫리면 거칠 것이 없다. 답답하지만 꾸준히 연마하는 사람은 그 빛이 더 반짝인다." 다산의 현실적인 제언에 용기를 얻은 황상은 스승의 말씀을 평생 곁에 두었고, 더욱 공부에 매진하여 훗날 훌륭한 시인이 되었다.

꽃을 피워 줄 계절을 찾아서

준비된 꽃과 잎만이 계절을 만나서
피어날 수 있는 것처럼
준비된 자만이
자기의 꽃을 피울 수 있습니다.

_법정 스님

과거에는 혼자 무언가 해낼 수 있다는 치기 어림으로 무장하곤 했었다. 바늘구멍처럼 좁은 길을 뚫고 들어가겠노라 안간힘 쓰는 꼴이었다. 그러다 우연치 않게 아집을 한 번 무너뜨린 적 있었다. 어떻게 되었냐고 묻거든 법정 스님 말씀에 100% 동의한다고 답해야겠다.

소위 5월을 꽃피는 계절이라 하며 이는 봄을 뜻한다. 다시 말해 준비된 꽃과 잎은 적합한 계절을 만나야 피어날 수 있다. 무명 잡지에 글을 기고했던 어니스트 헤밍웨이는 스콧 피츠제럴드라는 계절을 만나서 출간의 물꼬를 틔웠다. 운동 능력은 탁월했으나 위탁 가정에서 가출을 일삼던 마이클 오어는 투오이 부부라는 계절을 만나서 미식축구 선수로 발돋움했다.

아직은 모래알같이 연약한 사회 초년생이 스스로를 꽃피우기 위해서는, 부단한 노력과 귀인(貴人)을 만나는 행운과 마음을 훔치는 능력이 뒷받침돼야 한다. 안으로 부단하게 노력하되 밖으로는 비슷한 에너지를 가졌거나 동일 업종에 종사하는 인물을 만나보라. 보석도 여러 사람 눈에 비쳐야 아름다움이 회자되고, 우연찮은 기회도 종종 찾아오곤 한다. 그러니 세계관을 넓혀 사람의 힘을 믿어보라고 감히 권유하고 싶다.

박지성의 3가지 행운

사람은 그때그때
누군가의 도움이
필요합니다.

_법정 스님

중학생 박지성을 지켜본 이학종 감독은 그의 친부(親父)에게 "정말 재간이 좋은데 좀 쉬어야겠다. 쉬면서 신장을 키우고 체격을 불려야겠다"라고 제안했다. 당시 친부는 감독의 제언을 축구를 관두라는 우회적 표현으로 오해했지만, 훗날 그 판단이 정말 고마웠노라 회고했다.

그로부터 5년 후, 모든 대학팀이 박지성을 거절했을 때 유일하게 손을 내민 인물이 김희태 감독이었다. 감독의 말을 빌리면 눈에 띄지 않는 스타일이라 자세히 보았을 때 영리한 두뇌, 뛰어난 전술적 감각, 탁월한 지구력이 보였다고 한다. 그러나 때는 신입생 선발이 끝난 후여서 테니스부의 남은 TO를 빌려 겨우 박지성을 영입했다.

마지막으로 박지성이 맨유에 합류하기 직전에 있었던 미담이다. 비 EU지역 선수는 근 2년간 국가대표 경기 75% 이상 출전해야 취업비자를 받을 수 있었다. 대한축구협회 배려로 출전비율이 64%였던 박지성은 유명 축구인의 추천서가 필요했다. 그를 PSV로 데려간 히딩크와 맨유 감독 퍼거슨 외에 추천서를 써준 인물이 있었는데, 네덜란드 축구영웅 요한 크루이프였다. 아무 연고도 없었던 그는 오직 박지성의 플레이에 반하여 추천서를 써준 고마운 인물이었다.

앞선 자에게 도움을 요청할 용기

어려운 일이 닥쳤을 때
혼자서 해결하려고
하지 마십시오.

_법정 스님

치기 어린 나이에 남자는 모름지기 다섯 수레에 실을 만큼의 책을 읽어야 한다는, 남아수독오거서(男兒須讀伍車書)를 해보겠노라 다짐하며 두꺼운 고전서를 펼쳤다. 하지만 한 문장을 읽고 다음 문장을 읽었을 때 모국어의 진위여부를 의심할 만큼 난해했던 내용은 나를 혼돈으로 몰아넣었다. 그래도 책은 엉덩이로 읽는 거라며 십분 가량을 더 붙잡았으나, 단순한 책 감상에 지나지 않음을 절감했다. 고전서 본연의 난해함과 한 번도 가동하지 않은 좌뇌의 미숙련도가 빚어낸 해프닝이었다.

그날 밤, 어두운 방 안에 홀로 누워 여러 궁리를 한 끝에 고전서를 권유한 작가에게 메일을 보냈다. 구구절절한 사연을 띄워 멘토가 되어달라는 일방적인 호소였다. 간절함 하나로 끄적였던 편지에서 무언가를 느꼈는지, 감사하게도 누군가를 만나보라는 답을 얻을 수 있었다. 맞선 상대를 만나는 마냥 전신을 치장했던 까닭은 겨우 발견한 지푸라기를 손에 꼭 쥐고 싶은 절박함이었다. 인문학 강사로 본인을 소개했던 중년 남성은 구구절절한 사연을 듣고서 처방을 내려주었다. 4년이 지난 지금 다시 한 번 감사한다. 고전서를 권유한 작가에게 도움을 요청할 용기가 있었음을…….

친구와 생활환경의 영향

스승과 생활환경과
친구를 잘 만나야
자기에게 주어진 삶을
온전히 살 수가 있습니다.

_법정 스님

불현듯 6년 전이 떠오른다. 그 시절 나는 나사 빠진 듯한 하루하루를 살았다. 하는 일 없는 친구 3명을 모아 소주 한 병과 맥주 500CC를 올려놓고 쓰잘떼기없는 잡담을 늘어놓곤 했다. 남는 게 시간인지라 그것만으로 아쉬울 때면 클럽에서 밤을 지새우거나, PC방에서 아침을 맞이하곤 했다. 한심함으로 점철된 나날이었지만 당시에는 그런 자각조차 없었다. 근묵자흑(近墨者黑)이라는 성어처럼 먹을 가까이하여 검어진 까닭이었다.

그로부터 3년 후, 그들은 나를 밀어냈다. 물이 기름을 밀어내는 현상과 같은 이유였을까? 인생의 정도(正道)가 달라진 시점에서 결별은 예고된 수순이었을지도 모른다. 하지만 길이란 발걸음을 딛고 지나간 후에 생기는 명칭인지라 또 다른 만남이 기다리고 있었다. 열거해보자면 한복 연구가, 요리 연구가, 구의원, 법률가, 대학교수, 학교 선생님, 기자, 신문사 편집장, 라디오 작가, 한문학자 정도였다. 자력으로 성사한 만남은 아니었고, 사회적 대모(大母) 덕분에 이어진 연(緣)이었다. 문득, 3년 전과는 다른 바구니에 담긴 나를 보면서 그런 생각이 들었다. '컴컴한 어둠만이 가득했던 삶에 비로소 자그마한 빛이 들어왔구나'

스승의 본질

실망과 좌절에
빠져서는
안 됩니다.

_김수환 추기경

줄탁동시(啐啄同時), 알 속의 병아리가 껍질을 깨뜨리기 위해 쪼는 행위를 줄(啐), 어미 닭이 밖에서 쪼아 깨뜨리는 행위를 탁(啄)이라고 한다. 흔히 사제지간을 비유하는 성어로 쓰이곤 한다. 천부적인 운동신경을 가진 마(馬)라도 안목과 실력이 출중한 조련사를 만나야 명마(名馬)로 거듭나는 법이다. 누구를 만나느냐가 중요하다는 격언은 몇 만 번을 강조해도 지나치지 않다.

하지만 만물에는 음양이 존재하는지라 줄탁동시에도 이면이 있다. 겪어본 자라면 알겠지만 일류에게 선(善)함을 기대해서는 안 되고, 선(善)함이 결여됐다고 도망가서도 안 된다. 일류라는 명칭은 예민함, 까칠함, 철저함, 고단함으로 점철된 훈장이다. 물론 이 견해가 모든 일류를 경험하고서 내린 결론은 아니다. 핵심은 스승의 본질은 실력이라는 점이다. 터놓고 말해 그저 선(善)하기만 한 선생 밑에서 어중이떠중이가 되느니, 실력 하나는 확실한 일류 밑에서 일취월장(日就月將)하는 게 수행의 정도(正道) 아닌가? 또한 사포처럼 까칠까칠한 일류일지라도 본연은 감정이 흐르는 사람이다. 묻고 또 배우고 일에 대한 열정을 우직하게 보이면 자기만의 방식으로 품어주게 돼 있다.

일취월장(日就月將) - 날로 달로 진보함

악인은 선인으로 잊혀지네

우리 자신도
모르게
비인간화되고 있습니다.

_김수환 추기경

인간 앞에 아닐 비(非)가 붙는 슬픔은 사람에게 받은 상처 때문이 아닐까? 크게는 뱀의 혀에 농락당했거나, 기대가 수포로 돌아가는 정도겠다. 나 역시 사람에게 좋은 경험만 있는 건 아닌지라 어느 정도의 불신이 늘상 존재한다. 그럼에도 사람을 포기하지 않는 이유는 반드시 동료가 나타난다는 믿음, 간절함이 만들어낸 근거 없는 믿음을 현실로 만들기 위해서였다. 배트도 열 번 휘두르면 한 번은 공이 와서 맞아주지 않겠는가?

괜스레 말장난하자는 게 아니다. 나와 비슷한 아픔을 가진 친구는 몇 번이고 헛스윙 한 끝에 귀한 스승을 만났다. 나 역시 끝까지 가보고 싶은 사람을 한 명 만나기는 했다. 놀랍게도 상대 역시 몇 번의 헛스윙 끝에 귀한 인연을 만났노라 고백했다. 그 말을 듣고 나도 모르게 웃음이 픽! 하고 터져 나왔다. 이 세상은 우연히 아니라 필연만 존재하는 건지도 모르겠다.

그런 데이터를 정리해보면 만남이란 이질성을 제거하는 과정이 아닐까? 물이 기름과 섞이기를 거부하고, 물을 당기는 모습처럼 말이다. 그 과정에서 가슴 휘어지는 아픔을 겪겠지만 사람은 다른 사람으로 잊혀지고, 사람에게 받은 상처는 사람으로 치유되리라.

얼굴, 얼(내면)의 꼴

얼굴, 얼의 꼴
그 사람 정신상태가 어떠냐?
내면이 어떠냐는 것이 표현된 게
바로 얼굴이에요.

_법정 스님

소위 고수(高手)라 불리는 자는 사람을 보면서 '저 남자 잘생겼다' '저 여자 예쁘다'라고 표현하지 않는다. '반짝반짝 빛난다' '맑은 기운이 난다' '오염돼 있다'라고 표현한다. 표면 너머를 통찰하는 심안(心眼)이 발달한 까닭이다.

본디 얼굴의 어원은 '얼의 꼴'이다. '얼'이란 혼(魂)을 뜻하고 '꼴'은 모양을 나타낸다. 존재의 영혼을 그려낸 것이 얼굴이다. 생김새를 떠나 얼굴 자체에서 풍기는 기운이 있다. 그 점을 알기에 고수는 미남미녀에 현혹당하지 않고, 추남추녀를 등한시하지 않는다.

사람과 교류하더라도 이런 무리에서 노닐다 보면 외모를 보는 시야 자체도 달라진다. 이전에는 단순히 이목구비에서 풍기는 미(美)를 보았다면, 이후에는 눈빛을 보고 얼굴이 그리는 내면세계도 얼핏 보인다. 사람을 보는 안목이 높아졌다고나 할까?

얼굴에 매혹당해 혼인했던 남녀가 종국에는 결별로 마무리하고, 어거지로 붙어살더라도 늘 트러블이 발생하는 모습은 상념에 잠기게 했다. 반면에 자식으로부터 본보기로 추앙받는 부부는 달랐다. 얼굴이 그리는 내면이 부부의 연을 맺은 이유였고, 그 지혜로움이 표면적 얼굴을 격상시키는 이로운 착시 속에서 살고 있었다.

신뢰, 겉과 속의 일치성

신뢰받을 수 있는 사람입니까?

_법정 스님

성향이란 호불호와 시비의 대상이다. A가 장점이라 칭하는 부분도 B에게 단점이 되고, B가 장점이라 칭하는 부분도 C에게 단점이 되는 까닭이다. 우리는 평생 이형(異形)을 밀어내고 동형(同形)을 끌어당기는 순환 속을 살아가며, 호불호의 척도는 순전히 운에 맡겨왔다. 여기에서 한발 더 나아가 좀체 만나기 힘들고, 어려운 분을 모실 때에도 예(禮)는 갖추되 성향을 있는 그대로 드러냈으면 좋겠다.

전문성을 갖춘 이들의 눈썰미는 보통을 능가한다. 찰나에 표정, 말투, 행동을 캐치해서 그릇의 정도를 파악한다. 가식과 거짓이 숨 쉴 틈이 없다. 차라리 타박받고, 계몽 대상이 되고, 눈물이 앞을 가릴지언정 자기 색을 분명히 드러내는 게 백익무해(百益無害)하다. 본연의 색을 숨기고 얄팍한 눈가림으로 스승을 능욕하다가 팽(烹)당하는 인물을 보았던 까닭이다. "최고가 되려면 최고 밑에서 배워라"는 미래에셋그룹 박현주 회장의 말처럼, 모든 게 미약한 초심자는 고수의 마음을 훔쳐야 하는 숙명에 놓여 있다. 모든 면에서 서툰 존재가 무엇을 보여줄 수 있겠는가? 겉과 속이 일치하는 정도여야 지켜볼 가치가 있다는 평가를 받는다.

백익무해(百益無害) – 이롭기만 하고 하나도 해로울 것이 없음

아는 자의 소통법

말이 많은 사나이
말 많은 여자
그건 안 좋아요.
골이 비었다는 거예요.

_법정 스님

남녀노소(男女老少) 구분 없이 말 많은 사람은 대개 실속이 없거나 사기꾼 기질을 갖고 있다. 필자를 스쳐 간 말 많은 자는 하나같이 이 범주에 속했다. 맛이 없어서 빛깔을 광(光)내는 개살구와 같다고 할까? 혹여 틀린 견해일지라도 그 성향에서 풍기는 가벼움은 신뢰를 주기에 어려운 성질을 갖고 있다.

　말이 많은 까닭은 성향 때문이고 성향은 성질에서 비롯된다. 성질은 사람이 지닌 본바탕이다. 바탕에 이로운 사상을 듬뿍 먹이면 성향은 자연스레 변하는 법이다. 최소한 사람이 진중하고 솔직해야 상대도 둘러보고 싶은 마음이 생기지 않겠는가? 가격 시간 대비 가장 효과적인 도구는 단연 독서다.

　어부의 생선은 쉽사리 상하지만 바탕은 익을수록 깊은 맛이 난다고 했다. 진미(珍味)를 맛본 A가 B에게 나를 소개하고 B가 C에게 소개하는 순환을 통해 인적 네트워크가 형성된다. 이처럼 인간관계란 수동성을 띠고 있다. 잘 보이려고 애쓰는 게 아니라 상대가 나의 내면을 관찰하고, 그 내면을 잣대로 쳐낼지 품을지 결정하는 것이다. 이치를 아는 자는 항시 바탕을 살피며, 누구를 만나더라도 구구절절 자신을 설명하려 들지 않고 그저 보여 줄 뿐이다.

남녀노소(男女老少) - 남자와 여자, 젊은이와 늙은이

귀한가, 나는 귀한 사람인가

이 세상 누구도
존중받지 못할
이유가 없습니다.

_김수환 추기경

관계는 암묵적 존중을 띠고 있다고 생각한다. 묵례를 나눌 정도로 위치가 가까워지면 해바라기 같은 미소를 머금고 공손한 말투로 인사를 건넨다. 그다음 테이블을 놓고 행하는 대화는 존중의 틀 안에서 조심스럽고 자연스럽게 이뤄진다. 모든 관계는 이 전제 속에서 행해지므로 누구를 만나도 겁날 게 없다.

만약 관계를 확장하고 싶다면 지속 가능한 존중이 뒤따라야 한다. 다시 말해 서로의 격(格)이 일맥상통해야 한다. 비슷한 기운은 서로를 끌어당기는지라 만물은 물이유취(物以類聚)의 성격을 띤다. 알콜광(光)과 독서광(光)이 공존할 수 없듯 지속 가능한 존중은 동질성이라는 암묵적 전제가 깔려있다.

사회적 지위가 높은 인물을 만나보면 관념, 언행(言行) 그 모든 게 남다르다. 그런 사차원 존재에게 자신을 각인시키려면 남다른 무언가가 있어야 한다. '나이는 어리지만 언행에 깊이가 있다.' '아직 솜씨가 서투르나 잠재력이 엿보인다.' '업(業)에 대한 철학이 남다르다.' 물건이 귀하면 곁에 두고 싶은 게 인간 심리다. 상대에게 남다름을 어필하는 도구는 내면에서 꿈틀거리며, 형태는 자신의 행적과 비례하는 경우가 많았다.

물이유취(物以類聚) - 물건은 종류대로 모임

어려운 사람이 한 명 필요해

사람은 누구나
의지할 데가
있어야 합니다.

_법정 스님

여러 부류의 인물을 관찰하다 보면 능력과 이성(理性)의 심도는 상이하다는 결론이 도출된다. 특히 능력에 과도하게 치우칠수록 이성의 심도가 상대적으로 얕았다. 어떤 이는 안타까움을 자아낼 정도로 사람에 서툴렀다. 어떤 이는 상대방 조언이 귀에 들어오기 전에 쳐내곤 했고, 어떤 이는 상대를 이용수단으로 삼지 말라는 경고를 끝내 외면했다. 그러니 의지(依支) 대상은 반드시 견문(見聞)이 넓고 자신을 긴장시키는 존재여야 한다.

청년에게 가능성이라는 명찰이 붙는 이유 중 하나는 순수함이라고 생각한다. 새하얀 도화지는 어떤 색으로든 쉽게 물들기 마련이다. 중년의 한계라면 어깨에 힘을 싣는 사회적 지위가 남 말을 듣기에는 너무 커버렸다는 콧대 높은 자만인 듯했다. 최소한 그 점에서는 청년이 우위를 선점하고 있다. 아직 덜 여물었고 순수하고, 아집도 없는 시기에 평생 버팀목이 될 스승을 반드시 만나야 한다. 그것은 학교에서 알려주지 않는 살아감의 암묵적 지식이다. 긴 인생을 살면서 자신의 맹점을 보완해주고 탈선의 유혹을 강하게 받을 때, 가슴속에 떠올릴 수 있는 존재가 한 명쯤 있다면 절대 부작용을 일으키지 않으리라.

줄탁동시(啐啄同時)_어미 닭과 병아리

좋은 선생님이
많이
필요합니다.

_김수환 추기경

바야흐로 2016년 8월 10일 내 앞에 거인이 나타났다. 세상 물정에 대한 통찰이 선을 넘었고, 인망도 두터웠던 그는 내 글을 냉정하게 비판했다. 요지는 객관성 결여였다. 작가는 중간을 지켜야 언문(言文)이 설득력을 동반한다는 주장은 신선한 충격이었다. 그것만으로 부족했는지 연필을 잡은 몇몇 지인에게 나를 노출했다. 어떤 이는 너무나 많은 말을 한다며 타박했고, 어떤 이는 문장이 가볍다며 타박했다. 어떤 이는 주장과 소신은 다르다며 당최 알아듣지 못할 타박을 했고, 어떤 이는 한문이 점철된 단행본을 건네며 시련으로 인도했다.

프로 복싱 경기장에 올라선 아마추어가 실컷 얻어터질 무렵 거인은 수건으로 땀을 닦아주며 이온 음료를 건넸다. 가히 질책과 격려의 뫼비우스 띠였다. 상황을 진단해보니 이쯤이면 통과의례를 마친 듯했다. 역시 그다음부터는 귀한 공부를 소개해주며 있는 힘껏 도와주려고 하셨다. 사실 이전까지는 세상을 등지고 글을 썼다면, 그분과 만난 후로 세상을 보며 글을 쓰려는 나를 발견한다. 노력의 정도는 이전과 유사했는데 물꼬를 살짝 틔워주자 한 단계 올라선 듯했다. 노력보다 방법이 먼저고 누구를 만나느냐가 중요하다는 게 이런 의미일까?

사람을 읽는 사람 읽기

인생의 행로에는
눈 밝은 경험자의 가르침이
필요합니다.

_법정 스님

신이 내게 한 가지 능력을 부여해준다면 사람을 읽는 능력을 택하겠다. 그것은 살아감의 암묵적 지식 중 정점에 위치해 있다. 자각도 쉽지 않고 책으로 익히는 학문도 아니며, 사람과 비빈다고 터득할 수 있는 처세도 아니다. 실제로 천재성이 엿보이거나 자기 분야에서 어느 정도 자리 잡은 인물도 사람에 무지한 탓에 보이지 않는 벽에 가로막히기도 했다. 사람을 읽는 능력은 약간 다른 차원에 있는 듯했다.

아마 신께서는 피조물을 보듬기 위해 어머니를 만드시고, 어떤 이유가 있어 소수에게 사람을 읽는 능력을 부여하신 게 아닐까? 그렇다면 우리가 할 수 있는 최선책은 사람을 읽는 능력을 가진 사람을 읽는 것뿐이다. 앞에서도 서술했듯 세상은 탁월한 자보다 탁월하면서 사람을 이해하는 자가 우위를 선점한다고 확신한다. 나 역시 미약하게나마 사람을 배웠기에 몇 차례 큰 위기를 지혜롭게 넘긴 적 있었다. 과거 잣대로 상황을 해석하고 매듭지었다면 연필이나 잡고 있었을지 모르겠다. 모든 행위에는 준비가 필요하듯 세상에 몸을 담그기 전에도 사람을 이해하는 과정이 필요하다. 그러면서 세상에 발목부터 차근차근 담그다 보면 남보다 오래 머물 수 있으리라.

젊음, 세상 물정에 대한 통찰

사람은
성숙할수록
젊어집니다.

_법정 스님

주어진 도구만으로 억척스럽게 살아왔던, 근시안적 시야로 일관했던 미숙아는 스무 해를 맞는 날 성인이 된다. 그것은 열심히 하기도 벅찬, 앞선 자의 꽁무니를 쫓기 바빴던 나에게 무조건으로 행해진 관례였다. 찰나에 풀려버린 수많은 제약과 젊음, 자유, 패기 소위 20대를 추켜세우는 펌프질은 본질을 도외시하기에 충분했다. 자격이란 조건의 고저(高低)에 따라 레벨이 결정되거늘 단순 물리적 나이가 부여한 명칭은 나 같은 저질화를 양산하고 말았다.

성실하게 사는 법과 꿈이라는 단어는 알았어도, 세상 물정은 몰랐기에 인생 설계는 언제나 기약 없는 다음이었다. 그러곤 다시 성실로 나를 밀어 넣은 지 6년째 되던 해였다. 나에게서 가능성과 아쉬움을 보았던 누군가가 내 손을 잡고서 숲을 보여주었다. 세상 물정에 대한 통찰이 선을 넘어버린 그는 손가락으로 몇 개의 나무를 가리키며 저 녀석을 심으면 작은 숲을 이룰 수 있노라 말해주었다. 맹목적 질주에서 결승선을 쫓는 마라토너로 변하는 순간이었다. 사람은 성숙할수록 젊어진다는 뜻은 그런 것 같다. 어렴풋하게나마 길을 알고, 길이 보인 후에야 목숨 걸 수 있는, 전부를 배팅한 자의 내려놓음……

에필로그

보석이었을지도 모르는 D에게

 세상에는 보석이었을지도 모르는 그러나 보석이 되지 못한 D가 있다.
 환경이라는 우연적 여건이 하층부를 향할수록 눈뜬장님을 양산하는 까닭이다.
 예컨대 건실한 환경에서 태어나 살아감의 암묵적 지식(의식 · 재능 · 노력 · 인격 · 사람)을 습득한 보석이 한 명 있다면, 어리석음으로 점철된 환경에서 태어나 날개 못 펴고 접어진 채 살아가는 보석은 수백 명이 되지 않을까?

 고백하자면 이 책은 후자에 치중한 저작(著作)이다.
 나는 아득한 심연에 빠진 D를 문장이라는 밧줄을 사용하여 끌어올리고 싶었다.
 앎이 행동의 전초전이라면 최소한 앎을 습득할 기회가 주어져야 하지 않겠는가?

책 곳곳에 경험을 재구성한 이유는 나 역시 지금을 살아가는 D였다는 현실적인 호소였는지도 모르겠다.

부탁하건대 서적을 읽고 내면에 꿈틀거리는 무언가가 있다면, 하나하나를 삶에 접목하기를 바란다.

학교에서 배운 영어도 일상에 녹여낼 때 무기가 되듯, 책에서 배운 살아감의 암묵적 지식도 일상에 녹여낼 때 변화가 일어난다.

그렇게 하루하루 축적하면서 1년 전보다 아니 불과 한 달 전보다 삶이 나아졌노라 기뻐할 수 있었으면 좋겠다.

진심으로

법정 · 김수환
님들의 말씀을 새기다

1판 1쇄 발행 | 2017년 12월 10일
지은이 | 이상효
펴낸곳 | 북씽크
펴낸이 | 강나루
주   소 | 서울시 서초구 명달로24길 46, 3층 302호
전   화 | 070 7808 5465
등록번호 | 제 206-86-53244
ISBN 978-89-87390-11-6 13100
copyright@이상효
잘못 만들어진 책은 구입처에서 교환해 드립니다.